教育原理

保育・教育の現場をよりよくするために

石上 浩美 編著

嵯峨野書院

は じ め に

──現代の「保育・教育現場」の現状と課題──

　2017 年 3 月，幼稚園教育要領，小・中学校学習指導要領が全面改訂され，幼稚園では2018 年度から，小学校では 2019 年度から全面実施される。今回の改訂では，「社会に開かれた教育課程の実現」および「主体的・対話的で深い学び」のための授業づくり，子どもの発達段階や多様性をふまえた，初等中等教育の一貫した学びの充実などが示されている。このような変化の激しい社会的状況をふまえながら，今，改めて「教育とは何か」という根本的な問いについて考えてみることは，たいへん有意義なことであり，かつ必要なことではないだろうか。

　「教育原理」という科目は，保育士養成課程や教職課程において，「教職の基礎理論に関する科目（教育の理念並びに教育に関する歴史および思想）」として位置づけられている。これは，「教育とは何か」という問いに対して，教育思想史の知見などを整理しながら，先人の知恵や技能をヒントに，現代における「教える──学ぶ」の関係性について学び，一人ひとりが，自らの教育観・教授観・指導観，さらには子ども観や児童観，発達観をも探求し，問い続けることが，養成課程において求められているためである。

　そこで，本書では，「保育・教育の現場とかかわり，そこで起こっているさまざまな事象や課題についての問題解決について，教育思想史的な立場からのアプローチを試みながら，自分の教育観を探求し整理しようとする」ための学問領域を，「教育原理」とよぶことにする。ここでいう保育・教育の現場とは，主に幼児・学校教育の現場を指すが，生涯学習の観点からいえば，「いつでも・どこでも・誰でも」が，何かを学ぼうとする場や共同体もまた，保育・教育現場としてとらえることができるだろう。それは，学校というものが，近代以降社会的に制度化される以前の教育の場は「家庭」であり，子どもの教育的な営みは，子どもを育む，日常の生活や環境の中にこそあると考えるためである。

　本書の読者は，保育士養成校や大学などで教職課程を履修している学生だけではなく，すでに「教育の現場」で日々実践を行っている教職員の先生方や，「チーム学校」の一員としてかかわるさまざまな立場の教師や先生，いうなれば，子どもの生活や教育にかかわるすべての大人を想定している。そして，日々多忙を極める暮らしの中で，少し立ち止まって，「教育とは何か」という問いについて，改めて考えるためのヒントとなる知見をまとめることを目指した。

i

たとえば，ソクラテスが実践していた問答法と，現代のアクティブ・ラーニングなどの教授方略には，どのような異同があるのだろうか。また，デューイがいう児童中心主義的な教育と現代の教育には，どのようなつながりがあるのだろうか。このような素朴な問いを立て，保育・教育の現場の実情をふまえながら，教育思想や歴史の知見について知り，それらをふまえて，現代の保育・学校現場における実践に活用できる知識の整理にぜひとも挑戦してみたい。

　よって本書では，歴史の流れを時系列に配置するだけではなく，各時代を代表する教育思想家にまつわる出来事を中心に教育思想史を整理するとともに，現代の教育課題についての問いを設定してみた。これらすべてが，必ずしも保育・教育の現場で必要とされているわけではないのかもしれない。本書は，どの章，どの節，どのページから読んでもかまわない。保育・教育の現場で必要とされるテーマや課題に応じて，教育について考えるための読み物として手にしてほしいと考えている。

　本書は，次の３つのテーマから構成した。第１部では「教育の原理」について，第２部では「教育の思想と制度の歴史」について，第３部では「現代の教育課題」について，それぞれ専門の研究者や実践者などが執筆に携わっている。

　本書が，これから保育士・教員になろうとしている学生，すでに社会人となり，さまざまな保育・教育の現場で子どもとかかわっている多くの方々にとって，「教育とは何か」を改めて考えるためのきっかけになることを願っている。

　2018 年 3 月

編著者　石　上　浩　美

目　　次

はじめに──現代の「保育・教育現場」の現状と課題 ………………………………… i

第1部　教育の原理

第1章　教育とは何か　　3

1　教育の意味 ………………………………………………………………………… 3
- **1** 日本における教育の語源　3
- **2** 西洋における教育の語源　4
- **3** 「善さ」とは何か　4
- **4** 教育のパラドックス　5

2　なぜ教育が必要なのか ………………………………………………………… 7
- **1** 性善説と性悪説　7
- **2** 原罪説・精神白紙説・陶冶説　8
- **3** 「ひと」の特殊性と教育　9
- **4** 教育はどこでなされるのか　9

第2章　教育の目的・目標　　11

1　教育目的としての人間論 …………………………………………………… 11
- **1** 信仰存在としての人間　12
- **2** 理性的存在（ホモ・サピエンス）としての人間　12
- **3** 道具的存在（ホモ・ファーベル）としての人間　13
- **4** ロマン主義的人間（ディオニュソス）　13
- **5** 超人の概念　14

2　教育目的の類型論 …………………………………………………………… 15
- **1** 伝達（トランスミッション）　15
- **2** 交流（トランスアクション）　16
- **3** 変容（トランスフォーメーション）　17

3　学校教育の目的論 …………………………………………………………… 18
- **1** 人権充実のシステム　19
- **2** 社会化のシステム　19
- **3** 能力本位主義（メリトクラシー）　19

第3章　家庭・地域における教育　　22

1 家庭で子どもを育むこと ……………………………………………23
　1 家庭における子育て　23
　2 家庭教育における現状と課題　24

2 地域で子どもを育むこと ……………………………………………26
　1 子どもと幼稚園・保育所のかかわり　26
　2 地域教育における現状と課題　26

第4章　「教える―学ぶ」の関係と意義　　31

1 大人と子どもの境界 …………………………………………………31

2 子ども観と教育観 ……………………………………………………32
　1 中世の子ども観と教育観　32
　2 近代の子ども観と教育観　33

3 「教える―学ぶ」の関係と意義 ……………………………………34
　1 「教える―学ぶ」の2つのモデル　34
　2 生活力と生命感　35

第2部　教育の思想と制度の歴史

第5章　西洋の教育I（古代から近世まで）　　39

1 ギリシャの教育 ………………………………………………………39
　1 ソフィスト　39
　2 ソクラテス（Sôkratês, BC469-BC399）　40
　3 プラトン（Plátōn, BC427-347）　40
　4 アリストテレス（Aristotélēs, BC384-322）　41

2 ローマの教育 …………………………………………………………42
　1 ローマの建国から東西分裂　42
　2 ヘレニズム期の教育　42
　3 ローマの教育　43

3 ヨーロッパ中世から近世の教育 ……………………………………44
　1 キリスト教世界と教育　44
　2 スコラ哲学と教育　44
　3 ルネサンス・宗教改革期と教育　45
　4 コメニウス（Comenius; 1592-1670）　45

目　次

第6章　西洋の教育Ⅱ　近代と教育（18世紀を中心に）　48

1　は じ め に　48

2　近代教育の萌芽（ロックの思想と教育の可能性）　48
　　1　可能性をもった子ども　48
　　2　18世紀の教育玩具の広まり　49

3　ル ソ ー　50
　　1　『エミール』に込めた願い　50
　　2　子どもへの理解　51
　　3　消 極 的 教 育　51

4　ペスタロッチ　52
　　1　貧困の子どもと向き合う　52
　　2　生活が陶冶する　53
　　3　子どもにわかりやすく教えたい――直観教授――　54

5　近代教育思想の発展　54

第7章　西洋の教育Ⅲ（近代教育学の確立から未来に向けて）　56

1　近代教育学の確立　56
　　1　カント（Kant, 1724-1804）　56
　　2　ヘルバルト（Herbart, 1776-1841）　57
　　3　フレーベル（Fröbel, 1782-1852）　58

2　新教育運動における教育思想　60
　　1　デューイ（J. Dewey, 1859-1952）　60
　　2　モンテッソーリ（M. Montessori, 1870-1952）　61

3　現代から未来に向けての教育思想（生涯教育を見据えて）　62
　　1　ブルーナー（J. S. Bruner, 1915-2016）　63
　　2　ラングラン（P. Lengrand, 1910-2003）　64
　　3　フレイレ（P. Freire, 1921-1997）　66
　　4　イリイチ（I. Illich, 1926-2002）　66

第8章　日本の教育Ⅰ（古代から中世まで）　69

1　古 代 の 教 育　69
　　1　大陸文化と古代の教育　69
　　2　聖徳太子と教育　70

2 貴族の教育··71

  1 律令制度と教育　71

  2 貴族の教育　71

3 武士の教育··72

  1 武士と教育　72

  2 僧侶と教育　73

4 中世の学校機能··74

  1 金沢文庫　74

  2 足利学校　74

第9章　日本の教育Ⅱ（近世から第二次世界大戦終結まで）　76

1 江戸時代の子ども観と教育····································76

  1 江戸時代の子ども観　76

  2 江戸時代の教育　76

  3 江戸時代の幼児教育　77

2 明治時代の子ども観と教育····································77

  1 明治時代の子ども観　77

  2 明治時代の初等教育　77

  3 明治時代の幼児教育　79

3 大正時代の子ども観と教育····································80

  1 大正時代の子ども観　80

  2 大正時代の初等教育　80

  3 大正時代の幼児教育　81

4 昭和初期の子ども観と教育····································82

  1 昭和初期の子ども観　82

  2 昭和初期の初等教育　82

  3 昭和初期の幼児教育　82

第10章　日本の教育Ⅲ（第二次世界大戦以降現代まで）　84

1 戦後教育改革··84

  1 占領と旧体制の教育の解体　84

  2 日本国憲法・教育基本法の制定による教育の再建　84

2 戦後教育のスタートと修正····································86

  1 新学制の発足と新教育の広がり　86

  2 戦後教育改革の修正　87

3 高度経済成長期と教育 ··88

  1 経済成長と人的能力開発政策の時代　88

  2 後期中等教育・高等教育の拡充と多様化　88

4 国家による教育改革のこころみ ···90

  1 「第三の教育改革」に向けた政策提言　90

  2 「ゆとり」と「生きる力」を掲げた教育改革　90

  3 教育基本法改正と教育改革の現在　91

第3部　現代の教育課題

第11章　学習指導要領の変遷　　　　　　　　　　　　　　97

1 学習指導要領とは ···97

2 学習指導要領の構成と内容 ···98

  1 小学校学習指導要領（平成29年3月改訂）　98

  2 中学校学習指導要領（平成29年3月改訂）　99

  3 高等学校学習指導要領（平成21年改訂）　99

  4 特別支援学校幼稚部教育要領，特別支援学校小学部・中学部学習指導要領，

    特別支援学校高等部学習指導要領（平成21年改訂）　99

3 学習指導要領の歴史的変遷 ··· 100

  1 学習指導要領一般編（試案）に至る経緯　100

  2 学習指導要領「一般編」「各教科」（試案）1947（昭和22）年　101

  3 第1次改訂 1951（昭和26）年　101

  4 高等学校第2次改訂 1956（昭和31）年　101

  5 小・中学校第2次改訂 1958（昭和33）年，

    高等学校第3次改訂 1960（昭和35）年　101

  6 小・中学校第3次改訂小学校 1968（昭和43）年，中学校 1969（昭和44）年，

    高等学校第4次改訂 1970（昭和45）年　102

  7 小・中学校第4次改訂 1977（昭和52）年，

    高等学校第5次改訂 1978（昭和53）年　103

  8 小・中学校第5次改訂 1989（平成元）年，

    高等学校第6次改訂 1989（平成元）年　104

  9 小・中学校第6次改訂 1998（平成10）年，

    高等学校第7次改訂 1999（平成11）年　104

  10 小・中学校第7次改訂 2008（平成20）年，

    高等学校第8次改訂 2009（平成21）年　105

  11 小・中学校第8次改訂 2017（平成29）年　106

第12章　現代の教育課題　112

1　「現代の教育課題」ということば自体にこだわって …………………112

2　ケーススタディA　不登校（登校拒否）………………………… 113

3　ケーススタディB　学校事故・事件 ……………………… 115

4　あらためて「現代の教育課題」を考えるために …………………118

第13章　これからの教育がめざすもの　120

1　は じ め に ……………………………………………………120

2　生きる力と道徳教育 …………………………………………120

3　児 童 虐 待 ……………………………………………………122

4　学校現場での諸課題 …………………………………………122

5　中1ギャップ …………………………………………………124

6　インクルーシブ教育システム ……………………………125

7　情報機器（ICT機器）を用いた教育………………………125

8　チーム学校 ……………………………………………………126

9　お わ り に ……………………………………………………127

お わ り に ………………………………………………………………129

【巻末資料　教職課程コアカリキュラム】教育の理念並びに教育に関する歴史及び思想…131

重 要 語 句 集 ………………………………………………………………132

viii

▶第1部◀

教育の原理

第1章 教育とは何か

　「教育とは何か」という素朴な問いに対して，あなたならば，どのように答えるだろうか。また，この問いに対する，唯一無二の普遍的な答えはあるのだろうか。古今東西，世界中のありとあらゆる哲学者や教育者が，この問いについて考え，議論してきた。しかし，万人が納得できるような答えは，いまだに見いだせていないだろう。それは，教育に対する意味や価値が，個々人または地域や国家の状況，歴史や文化によって異なり，可変性を持っているためである。そこで本章では，教育の意味，教育の必要性から，教育とは何かという問いについて考えてみたい。

1 教育の意味

　「教育」という言葉は，現在では日常通用語として頻繁に用いられている。しかし，その意味あいや使われ方は，折々の社会情勢や時代・国家によってかなりの違いや変容がある。そこで，本節では，改めて「教育」の意味について考えてみたい。

（1）日本における教育の語源

　日本語では，「教」とは，「教えるもの（大人）とそれを習うもの（子ども）との交わり」であり，「攴（ボク：鞭）を加えておしえる」ことを指す。また，「育」とは，「うむ・はぐくむ」ことを意味する。つまり，「ひと」が生まれ，成長・発達する過程において，社会的な「ひと」となり，世の中で生きていくために必要とされる知識や技能，社会的規範やルールを，大人がある程度の強制力を持って子どもに授けることが教育である，という解釈が成り立つ。

　「教育」という言葉が最初に記された文献は，『孟子』[1)]の「君子三楽」といわれている。そこには，教育についての興味深い文言がある。

　孟子

> 【原文】孟子曰，君子有三楽。父母俱存，兄弟無故，一楽也。仰不愧於天，俯不怍於人，二楽也。<u>得天下英才，而教育之，三楽也</u>。
> 【筆者訳】孟子は言った。君子には3つの楽しみがある。ひとつ目は，父母が健在で兄弟に事故がないこと。ふたつ目は，天を仰いでもうつむいてもやましいことがなく，恥じるような行いはしないこと。みっつ目は，<u>優れた子どもを自分の弟</u>

3

第1部　教育の原理

> 子にして育てること。

　一般的に君子とは，徳が高く気品がある人，または人格者といわれているが，その楽しみの3つ目に「優れた子どもを自分の弟子にして育てる」とある。これはどういうことだろうか。「自分の弟子」すなわち自分の後継者を育て，知識や技能を次の世代に伝承することが，君子にとって楽しいということであるならば，教育とは創造性に富み，社会に貢献することができる楽しい営み，ということになるだろう。

　『孟子』が日本に伝わったのは，平安時代以前だといわれている。近世までの日本の教育や文化には，中国大陸や朝鮮半島からさまざまな知識や技術が伝わっており，これらの影響を色濃く反映しながら独自の文化を作り上げてきたという経緯がある。なお，中世から近世にかけては「教化」（きょうげ：仏教用語），「教化」（きょうか：儒教用語），とよばれ，近代以降は「教育」という言葉が通用するようになった。

（2）　西洋における教育の語源

　古代ギリシャにおける教育に関する言葉には，トロペー（Tropez）と，パイデイア（paideia）という言葉がある。トロペーとは，動植物が何も手を加えられることなく自然に育つことである。一方，パイデイアとは，「人間の子どもを養育すること」であり，「子どもを一定の理想なり完成へともたらすために，知識を与え，訓育をほどこす人間の意識的な努力（教育）およびその所産（教養）」を意味する[2]。

　このような概念の背景にあるのは，当時のギリシャ人の関心が，神話の世界から人間中心へと移行したことによるものと考えられる。パイデイアは，人間の子どもに対する外部からの働きかけであり，「理想的な人間の形成」こそが，教育の目的であると考えられていた。

　一方，英語では education として通用しているが，その語源は，ラテン語の *ēducō*（人間・動物の子どもを養育・飼育する，連れ出す・外に導き出す）である。これは，子どもが生まれながらにもっている「善さ（よさ）」を発見し，それを認め，引き出すために行われる，大人から子どもへの，意図的・計画的な働きかけであるといえるだろう。

（3）　「善さ」とは何か

　村井実（1978）[3]は，「ひと」の内面には，誰でも「善く（よく）生きたい」という要求があるため，善くしようという外部からの働きかけができるとい

村井実（1922～）
　日本の教育哲学者。慶應義塾大学名誉教授。『村井実著作集（全8巻）』（小学館）はじめ多数の著作があり，日本の教育哲学の第一人者。

第 1 章　教育とは何か

う。また，そのような働きかけには，「相互性・無矛盾性・効用性」の３つの
要求があるという。それらをまとめると，表1-1 のようになる。

表1-1　村井（1978）による相互性・無矛盾性・効用性への要求

相互性の要求	個人の要求も他者の要求も同様に配慮すること。 ex「人間は社会的な動物である（アリストテレス）」
無矛盾性の要求	環境から得られた雑多な情報を整合的に把握しようとすること。嘘をつこうとすると，その前後の文脈のつじつまを合わせようとするなど。
効用性の要求	快適な生活を求め苦痛を避けたいということ。自分にとってメリットがあること。

　この３つの要求は，個々人が持つさまざまな水準の欲求を充足させるためには他者からの助けを必要とし，それを外部に向けて自ら発信しているとも考えられる。そうであれば，「ひと」の内面には，外界からの援助や支援を受け入れたいという社会的な欲求もまた，個々人の中に存在する。
　つまり，「教育」とは，「善くなろうとする人間への，善くする働きかけ」[4]であるといえる。では，「善さ」とは，一体何だろうか。

（4）　教育のパラドックス

　「ひと」は「善くなろうとしている生物」であり，自分の子どもが「善く」育つことを願わない親や養育者は，おそらくいないだろう。ここでいう「善さ」とは「善い子」のことである。それは，何らかの道徳的な価値判断も含まれた基準に基づいた善悪判断を指している。しかし，「善さ」の基準とは何か，どのように生きることが「善く生きる」ことなのか，また自分の子どもをなぜ「善く」したいのか，という問いに対する，唯一無二の正答は，残念ながら見あたらない。ただし，その答えのひとつとして，村井実（1988）[5]は，「善さ」のとらえ方を，以下４つに整理している。

A：この子どもたちを善くしたい。なぜなら，この子どもたちは，私たちが善くしてやらないかぎり，<u>そのままではもともとダメなほうに動く</u>ものだから。
B：この子どもたちを善くしたい。なぜなら，この子どもたちは，私たちが善くしてやらないかぎり，白紙のようなもので，<u>善いもダメもわかるわけがない</u>ものだから。
C：この子どもたちを善くしたい。なぜなら，この子どもたちは，もともと<u>善くなる可能性をもっている</u>ものだから。
D：この子どもたちを善くしたい。なぜなら，<u>この子ども自身が，とにかく善くなろうとしている</u>ものだから。

　AからCは，いわば大人側からの理屈であり，「あなたのために（大人である）私は，あなたを教育する必然性がある」と主張している。ただし，それ

5

第1部　教育の原理

は子どもが未熟なものである，という子ども観によるものであり，子ども自身の意思を確認したものではない。大人側から，一方的に知識を注入すること（知識注入主義）そのものが教育である，という立場である。

一方，Dは「ひと」の発達における**成熟説**や**生得説**をふまえた子ども観であり，村井の考え方でもある。これは，大人側には，「善さ」とは何かという問いに対する明確な答えがないまま，「子どもたちを善くしたい。でも何が善くて何が悪いのか誰も自信を持って答えることができない。しかし子どもに働きかけないわけにはいかない」というパラドックスがある。そこで，村井は教育のとらえ方について，以下4つの独自のモデルで説明している。

成熟説
ゲゼル（A.L.Gesell; 1880～1961）によって提唱された発達概念。双生児統制法による実験をふまえて，「ひと」の発達要因は，生物学的な成熟にあるというとらえ方。

生得説（遺伝説）
「ひと」には生まれながらにもち備えた能力や特性があり，それによって，発達要因や学習・行動が規定されるという考え方。

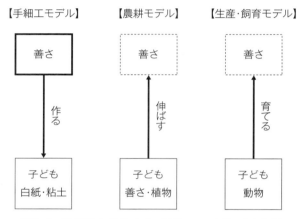

図1-1　教育のとらえ方1　（村井, 1988を基に著者作成）

まず，「手細工モデル」とは，子どもとは「白紙の画用紙，または粘土のようなもの」という子ども観を基に，大人が望ましいと考える鋳型にはめ込むこと（陶冶）が教育であるというとらえ方であり，教えるという側面を重視したものである。この立場は，近代公教育制度の確立とともに普及し，最も狭い意味での教育観を示している。

次に，「農耕モデル」とは，子どもとは「植物のように生長するもの」という子ども観を基に，環境を整えることによって，もともと子どもに備わっていた「善さ」が伸びるというものである。さらに，「生産・飼育モデル」とは，子どもは「飼育動物のように育まれるもの」という子ども観を基に，時間と労力を費やしながら育てることによって，もともと子どもに備わっていた「善さ」が育つというものである。

「農耕モデル」と「生産・飼育モデル」に共通していることは，子どもには善さが内在していること，それを伸ばし，育むことが教育であるというとらえ方であり，「手細工モデル」の知識注入主義とは真逆のことを示している。

【人間モデル】

[図：人間モデル - 善さ、文化、先生、教科、子ども、善くなろう の関係図]

図1-2　教育のとらえ方2（村井，1988を基に著者作成）

　一方，「人間モデル」は，村井自身の教育に対する考え方を示したものである。このモデルでは，子どもは，もともと善さが備わっているわけではなく，「善くなろう」という欲求を持った存在であるものの，ひとりでは「善くなる」ことが難しい存在として位置づけられている。そこで，大人からの支援が必要であるという子ども観に基づくものである。そして，「手細工モデル」のような，大人側の価値観による陶冶ではなく，子どもが自分の成長・発達のために必要とするものを得るための，いわば道先案内役的な役割として，「先生」が必要となる。「先生」は，大人の世界にある知識や技能（教科）を示し，その活用を促すという働きかけを行う。このような援助的な働きかけそのものが，「人間モデル」における教育である。

　援助的な働きかけが成立するためには，まずは子どもをよく観察し，子どもが何を必要としているのか，どのような感情や思いを持っているのかを適宜考えながら，子どもの話に耳を傾ける必要がある。この場合，子どもと大人の間には，必然的に双方向性のあるコミュニケーションが成立し，子どもが自分以外の他者と関わることを学ぶきっかけとなるだろう。

2　なぜ教育が必要なのか

（1）性善説と性悪説

　前節で述べてきた通り，教育という言葉の語源をたどれば，子どもは生まれながらに「善さ」や，「善くなろう」という欲求を持ち備えており，それを大人が発見し，取り出し，さらなる成長・発達を促す働きかけそのものが教育である，といえるだろう。一般的に，このような子ども観や人間観は，「性善説」とよばれる。

　孟子は，人間の本性は善であるという性善説の立場をとった。これは，す

孟子（BC372頃～BC289頃）
　中国戦国時代の思想家。孔子の徳治主義（仁の徳に基づく考え方）を継承し，「ひと」は生まれながらにして善であるという性善説を唱え，後進の指導を行った。

7

第1部　教育の原理

べての人間には，善への可能性となる4つのきっかけ（四端の情：惻隠・羞
悪・辞譲・是非）が内在しており，それを拡張したものが，四徳（仁・義・
礼・智）となるというものであり，その後の儒学の人間観の基盤となった。

　一方，**荀子**は，人間の本性は悪であるが，後天的な努力によって，善に変
えることができ，そのように導くためには教育が必要であるという性悪説を
唱えた。これらの儒教思想は，古代から近世までの日本の教育思想にも大き
な影響を与えた。

荀子（BC298〜
BC235頃）
　中国戦国時代末期
の思想家。孟子の性
善説を否定し，「ひ
と」の本性は生まれ
ながらにして悪（利
己的存在）であるか
ら，後天的な学修が
必要であると唱えた。

（2）　原罪説・精神白紙説・陶冶説

　キリスト教世界では，「ひと」には原罪（original sin）があり，それを放置
すれば怠けてしまうという人間観があった。また，「ひと」は生まれながら
に何も持たない白紙状態（*tabula rasa*）であるため，人生の初期の段階から大
人が積極的に教育しなければならないという教育観もあった。

　そのため，家庭や学校では，子どもに対して正しい知識や技能を授けるこ
と，社会的な規範やルールを教え，それを守ることに社会的な意義や価値が
あること，すべての子どもを，ある一定の鋳型にはめること（陶冶：Bildung）
が教育であるというようにとらえられていた。

1）形　式　陶　冶

　知識や技術そのものの習得よりも，それらを獲得しようとする過程におけ
る記憶力・思考力・想像力などの精神的能力など，学習上の方法や手続きと
いった形式的な側面の育成を重視する立場である。代表格は，近代イギリス
経験論者のロック（J, Locke; 1632-1704）である。（第6章2節参照）

2）実　質　陶　冶

　実生活の中で有用な，具体的・個別的な知識や技能そのものの習得を重視
し，実学的な価値に教育的意義を見出そうとする立場である。形式陶冶とは
対極にあり，代表格はコメニウス（J, A, Comenius; 1592-1670）である。（第5
章3節参照）

3）道徳的品性の陶冶

　教育の目的を倫理学に，方法を心理学に求め，教育学を体系化したものが
ヘルバルト（J, F, Herbart; 1776-1841）の陶冶説である。「教授の無い教育な
どというものの存在を認めないし，逆に，教育の無いいかなる教授も認めな
い」という言葉にある通り，「教授」こそが「陶冶」であるという立場をとり，
教育の方法として，「管理・教授・訓練」の3要素を提唱，教育の目標は強
固な道徳的品性と興味の多面性の陶冶にあるとした。（第7章1節参照）

（3）「ひと」の特殊性と教育

　ポルトマン（1961）によると，「人間は生後1歳になって，真の哺乳類が生まれた時に実現している発育状態に，やっとたどりつく。そうだとすると，この人間がほかのほんとうの哺乳類なみに発達するには，われわれ人間の妊娠期間が現在よりもおおよそ1カ年伸ばされて，約21カ月になるはず」[6]とある。これを生理的早産とよんだ。

　「ひと」の子どもは，他の哺乳類の子どものように，生まれたその瞬間から立つ，歩くという移動の自由や，自分で食べる，排泄する，言葉を話すといった，「ひと」として生活するための基本的な能力や行動様式も備わっていない。そのため，親や養育者が，誕生後少なくとも1年間は，ゆっくりと時間をかけて大切に子どもを養育しなければならない。この期間をポルトマンは「子宮外幼少期」とよんだ。そして，「動物の行動は，環境に拘束され，本能によって保障されていると，われわれは簡単に特徴づけることができる。これに対して，人間の行動は，世界に開かれ，そして決断の自由をもつ」ため，「ひと」として生きていくために必要な能力やスキルを習得させるためには，教育が必要であるという。これは，教育によって，子どもの持つ「善さ」や可能性が「世界に開かれ」，さらに子ども自身の「決断の自由」へと発達し，自立したひとりの大人となるための道筋を示す言葉でもある。

（4）　教育はどこでなされるのか

　教育基本法第10条では，「父母その他の保護者は，子の教育について第一義的責任を有するものであって，生活のために必要な習慣を身に付けさせるとともに，自立心を育成し，心身の調和のとれた発達を図るよう努めるものとする。」とある。これは，家庭教育の努力義務・責任を示しており，幼児期までの子どもの教育の場は，家庭が中核となる。そして，「保護者（子に対して親権を行う者（親権を行う者のないときは，未成年後見人）をいう。以下同じ。）は，次条に定めるところにより，子に9年の普通教育を受けさせる義務」（**学校教育法**第16条）が生じる。すなわち，義務教育とは，子どもの学習権を保証するための親の義務である。

　ただし，家庭を取りまく社会的な環境の変化や，親や養育者の就労スタイルの多様化によって，乳・幼児期の保育・教育の場は広がりつつある。保育園，幼稚園，認定こども園などは，子どもが定期的に通所する場である。また，図書館，公民館，児童館などの社会教育施設や，民間子育て支援団体などが主催する多様な親子参加型プログラムも，地域で子どもが学ぶ場である。これらの場では，家庭外での親子間交流や体験の共有ができるとともに，子

ポルトマン（1897-1982）
　スイスの生物学者・思想家。バーゼル大学教授。比較形態学，発生学，行動学の分野において独創的で先駆的な研究を行った。『*Biologische Fragmente zu einer Lehre vom Menschen*（人間はどこまで動物か）』（1944）などによって，教育学などに大きな影響を与えた。

教育基本法
　2006年12月22日公布・施行（平成18年法律第120号）。前文と全18条，附則からなる。日本の教育関連法規における最上位の法であり，教育に関するさまざまな法令の運用や解釈の基準となる。

学校教育法
　2017年5月31日公布（平成29年法律第47号）教育基本法の精神をふまえて，学校教育制度の根幹を定めた法律。下位法に学校教育法施行令，学校教育法施行規則がある。

育て世代の親同士を結びつけるネットワークづくりの役割も担っている。

　少子高齢化や核家族化の進展と同時に，多様なライフスタイルや社会的価値観が受け入れられるようになった現代では，多種多様な家庭・家族が存在する。その中には，社会との接点が希薄で孤立した家庭での育児ストレスから，子どもの虐待などの事案も生じている。

　子どもが成長・発達することによって，次世代における教育が展開し，文化的伝承も可能になる。一人ひとりの子どもが社会の中心となる存在であり，大切に育まれなければならない場が，家庭であり，地域であり，学校である。孤立しがちな現代の子育て世代を相互に支援し，ともに子どもの「善さ」を育み，協同・協働できる社会的なシステムづくりが急務である。

【引 用 文 献】

1）金谷治『孟子（中国古典選5）』朝日新聞社，1966年，p. 477
2）W・イエーガー・野町啓訳『初期キリスト教とパイデイア』筑摩書房，1964年，pp. 184-185
3）村井実『「善さ」の構造』講談社，1978年，pp. 115-136
4）白石克己「教育の前提としての人間」，沼野一男他『新版教育の原理』学文社，1997年，pp. 17-22
5）村井実『村井実著作集5　新教育学のすすめ・子どもの再発見』小学館，1988年，p. 156
6）ポルトマン・高木正孝訳『人間はどこまで動物か──新しい人間像のために』岩波書店，1961年，p. 61

お 薦 め の 参 考 図 書

① 田中克佳編著『教育史──古代から現代までの西洋と日本を概説』川島書店，1990年

② 村井実『「善さ」の復興』東洋館出版社，1998年

③ 村井実『道徳は教えられるか』国土社，2003年

④ 広岡義之編著『新しい教育原理［第2版］』ミネルヴァ書房，2014年

⑤ 眞壁宏幹編『西洋教育思想史』慶應義塾大学出版会，2016年

第2章 教育の目的・目標

学校教育や家庭教育や**生涯教育**（学習），あるいは営利を目的とする各種学校やスクールなど，さらには個人的な教授や情報交換に至るまで教育の現象は多種多様だが，ここでは各論に限定せず，教育一般がなぜ，何のために行われ，また行われるべきなのかを検討する。その際，初等教育や社会科教育の目標，また学校の年度目標など，目標についてはその内容と方法により指定される具体的課題として各論に委ねる。本章で問題となるのは，教育一般のなぜを正当化するような教育目的そのものについての教育学的―規範的論考であり，その批評的検討である。

さらに教育原理としての教育目的論は，最後には学校教育の目的論に着地する。とはいえはじめから学校教育の目的論だけに限定すると，学校教育の成立基盤となっているさまざまな臆断を不問に付すことになる。そこで，考察はむしろ学校教育論を相対化しうるような広範な視界に立ち，そこから，教師が学校教育で踏まえるべき具体的指針を獲得しうるような論考を課題とする。

> **生涯教育**
> 　文脈によりあえて生涯教育としたが，現在では学習者を主体とする学習観を踏まえ，生涯学習という。

1 教育目的としての人間論

そこでまず，**カント**（I. Kant）『教育学』講義からの有名なテーゼより。
「人間は教育によってはじめて人間になることができる」[1]。
「人間は教育されなければならない唯一の被造物である」[2]。
近代以降の教育論ないし教育目的論，ということはポストモダン化した現代における教育論の第一の出発点となるのは，本能をもたない人間の可塑性すなわち形成可能性であり，また人間形成に向けての教育必要性である。

人間は教育によってのみ人間になることができる。教育の目的は，人間を，人間として形成すること。もちろん教育万能論ともいうべきこの可塑性／必要性の正しさを予断する必要はない。人間固有の本性的成長の道筋を踏まえ，完全な可塑性を否定する教育論もあるからである。とはいえこの人間形成の可能性／必要性という前提は，多様に提起されうる教育目的論の位置を明快に判定するための試金石となる。

そこでまず，教育目的としての人間性について，教育必要性の内実を具体

> **カント**（1724-1804）
> 　近代の啓蒙思想・合理主義，理性主義を代表するドイツの哲学者。純粋理性批判等三批判書，啓蒙とは何かなどにより，現代の政治思想・倫理学にも広範な影響力をもつ。

シェーラー (1874-
1928)
　哲学的人間学を代
表するドイツの哲学
者。現象学的な実質
的価値倫理学の思想
でも有名。

的に検討する。曰く，教育目的となる人間性，形成されるべき人間性，また現に形成されている人間性とは何か。たとえば哲学的人間学の**シェーラー**（M. Scheler）は，人間本質の五つの理念的類型論を整理している[3]。簡単に参照し，教育目的論の見地から概説する。

（1）　信仰存在としての人間

　人間が自らの存在根拠ないし理由として，人間と世界を超えた神という名の超越者を要請するのは，時間的にも空間的にも有限な人間の存在意味が，出来事としてはその外部からしか説明されないからである。無限なる宇宙ないし大いなる自然と神とを同一視する汎神論では，人間は人間を超えた摂理の一環として，それも絶えず無限性に上昇しつつある存在として肯定される。またユダヤ・キリスト教的超越神論では，神は絶対的に人間の思惑を超えた超越者であるが，思想的にはシェーラーも指摘するように，人間の意識は，無限な宇宙が自己意識として自らを外化することで，存在非存在の区別を超えた絶対性が現実的なものへと生成するための神化の場所でもある。

　さらに人間の宗教性は，いわゆる信仰生活を意義づけるにとどまらない。人間的行為と存在の根拠は，人間の信念と相関的に創設される。宗教生活とは別に世俗的な行為や存在は，非主題的に生きられた世界ないし社会についての存在信憑に支えられている。こうして人間は，自らの生まれ落ちた世界ないし社会という信念体系を担うものとして存在する。この意味で「社会は宗教現象である」[4]。

　そこで人間の教育必要性は，社会的存在としての人間性という形成課題にも連接する。

（2）　理性的存在（ホモ・サピエンス）としての人間

　理性は何よりもまず，欲求や感情や感性と並んで，感情の制御と欲求の遅延化により目的を実現するための手段を思量する知性である。

　他方ロゴスにまで遡る理性の原義は，言葉（ロゴス）による判断能力であり，人間以外の存在者から人間を特異化する徴でもある。

　古代的には理性とは，宇宙の不変のロゴスないし形相としてのイデアを観取するある種の直観力である。それに対し，神であれ不変の真理であれ，その存在と認識についての可能性を不可知な物自体として遮断すると，理性の形式は世界の構造を決定する認識の成立根拠として人間に内在化される。世界とは，理性の形式により構成された相互主観的形成体である。

　その場合理性的認識とは，わかりやすくいえば，違いが分かるということ

である。何かを差異において限定することで，何かは何かとして知られる。そのように分節化された意味の世界の中で人間は形成されるのだが，意味はそもそも人間に了解される意味として構成される。そこで人間は，人間そのものを構成する意味の根拠であるとともに，同時にそれにより構成されたものとして，つまり創造性と被造性との相関性により完結した世界という名の閉域で自律した主体として立ち上がる。

（3） 道具的存在（ホモ・ファーベル）としての人間

動物から区別される人間の特異性を突きつめると，人間存在の特異な非決定性，すなわち「開放性」に行き着く[5]。

ここで人間の道具性は，道具を駆使できるという人間知性の力を指示するにとどまらず，自らの環境世界を改造し，文化的世界として再編成する人間の独特な存在様式を表示する。人間は改造された第二の自然としての文化＝社会を生きる社会的存在・世界内存在である。

そのようなものとして，人間は動物性を凌駕する能力の卓越によってではなく，本能による確かな行動の指針を欠いた「**欠如存在**」として特徴づけられる。人間のこの欠如は，生命的一体性から離脱した自己意識による存在論的自己規定性である。欠如を埋めようとする人間的欲望は生物学的必要に基づくのではなく，それゆえ対象による充足を常に超過する。そうしたかぎりない欲望の対象として，自然は有用な事象として利用され操作的に客体化される。シェーラー自身はここで自然科学主義による事象の抽象化と効率性を基準とする事象と人間の客体化を指摘するのだが，人間の本質を「それ自身はけっして対象となりえない」「精神」[6]に局限するなら，精神の相関項は客体としてしか問題とならない。

人間はこのような精神として，自己の意味と可能性を絶えず自己創造しつづける自律的主体として定立される。

（4） ロマン主義的人間（ディオニュソス）

理性は事象の意味を抽象性のレベルに狭隘化し，道具的知性は自然や世界を有用／無用の二極分化により平板化する。そこでシェーラーのいうロマン主義とは，理性と科学的合理性と効率性による自然支配と人間の自己疎外に対する越権告発の思想である。

シェーラーの解説によれば，人間は万物の霊長であるどころか，豊かな生命活動の代用品にすぎない言語や道具や制度により疎外された「生命一般の遺棄者」であり，「生命の袋小路」，「生命の疾患」である。それに対抗するの

ホモ・ファーベル
作る人を意味するラテン語。工作人，技術人とも訳す。ベルクソンによる肯定的意義づけで有名だが，技術支配のマイナスを指摘するために用いられることもある。

欠如存在
Mangelwesen
欠陥存在とも訳す。A・ゲーレン『人間：その本性および世界における位置』では人間の形態学的特殊性を欠如・欠陥に指摘している。同時にそれは法則に決定されない人間の開放性を意味する。

第1部　教育の原理

ニーチェ（1844-1900）

　19世紀末を代表する反合理主義，反主知主義の立場に立つ実存哲学者。『悲劇の誕生』『曙光』『ツァラトストラはこう語った』など。

ディオニュソス

　『悲劇の誕生』（1872）で提唱されたアポロンVSディオニュソスの対立原理として有名。秩序ある形式としてのアポロンと対比される不定型な流動的生命衝動を表す。芸術創造の二大原理を表すだけでなく，相補的な生の原理でもある。

キルケゴール

S. Kierkegaard（1813-1855）

　デンマークの宗教的実存哲学者。普遍でも特殊でもない単独性に実存の本質を規定。『不安の概念』『死に至る病』など。

ハイデガー

M. Heidegger（1889-1976）

　20世紀を代表するドイツの哲学者。現象学的方法論と実存の解釈学を駆使して独自の存在論を展開した。『存在と時間』など。

ホモ・ルーデンス

　遊ぶ人の意。ホイジンガ『ホモ・ルーデンス』（1938）で有名。遊びの虚構性と自己充足性に人間の本質をみる思想。ロジェ・カイヨワ『遊びと人間』なども有名。

が，ニーチェ（F. W. Nietzsche）に由来する「ディオニュソス」の概念である。それは理性と合理性と実証主義と実用主義に対抗し，センスと感情と直観力に準拠して，生命の流動的一体性への合一を目指す。しかしながら，素朴な生命主義的なロマン主義は「ディオニュソス的厭世主義」にしか行き着かない。理性に感情を，合理性に生命の流動を対置して評価を逆転しても，価値尺度をそのままに反転させた裏返しの合理主義にすぎないからである。そこでシェーラーは，一切の価値転換を代表する思想として，超人の概念を最後の理念として提唱する。

（5）　超人の概念

　ニーチェの超人思想[7]に基づけば，超人とは，宗教性であれ理性であれ動物を凌駕する道具性であれ，人間の諸力を完全に実現した理想的存在形象を表すものではない。それは一切の価値転換を体現するものとして生に内在し，翻って生の諸力の結実の一切を肯定するために，生を超越する外部的価値による生の意義づけを拒絶する生成存在の別名である。生はそれ自身それとして一切の留保なく肯定される。それゆえに生を超越する目的による生の意義づけは，生を手段化する生の自己疎外としてのニヒリズムとして退けられる。

　それは反合理主義としての非合理主義，理性主義に対抗する情動主義である以上に，脱合理主義，脱理性主義として，人間形成の地平の転回を招来するような実存体験を課題とする。その意味で，実存の単独性に定位するキルケゴール，存在開示を課題とするハイデガーなどの実存思想が提起した思想でもある。

　これ以外にも，遊ぶ人（ホモ・ルーデンス）やエロス的人間（バタイユ，フロイト），死への存在（ハイデガー），不条理（A・カミュ）など，人間の本質類型は多様である。しかし教育目的としては主として（1）から（5）のような本質類型に基づいて，事実としても規範としても人間形成は行われている。教育と学習により。以上人間形成の理念的類型を整理したが，それは選択しうる諸目的の在庫を展示するためではない。教育が人間的生の根本条件であるなら，教育の目的は人間的生の目的と重なるのだが，終局目的からの生の意義づけはそもそも一義的に確定しうるものではない。そこで教育目的についての事実的・規範的論考は，以上の人間形成の理念を踏まえながらも，その上で教育学の地平での教育学的判定を必要とする。

　次に，目的の選択を教育学的に正当化するための枠組みとなるような，教育目的論の類型を整理する。

2 教育目的の類型論

特殊な目標に関連する内容と方法論を各論として遮断すれば，教育の本質論が，目的論そのものとして整理される。

有名なものとして**ボルノウ**（O. F. Bollnow）の三分類がある[8]。① 工芸論的モデル。教育者は工芸職人のように，随意に形成できる素材をあらかじめ与えられた目標に向かって形成する。② 有機体論モデル。教育者は，有機体の法則にしたがい内的必然性をもって展開してくるものを成長させる。③ 生成モデル。教育の目的は，人間の諸力と洞察の覚醒と飛躍にある。教育は子どもの実存に定位し，出会いという非連続的形式のもとでの飛躍の可能性を準備する。

非常にわかりやすいボルノウのこの整理は，しかし違いを明確に画定しすぎているために，教育者と学習者の絡み合いともいうべき関わりの実相を捉えきれていない。

ここではさらに現代的視点から，コミュニケーションの広範な次元を射程に収めた三分類を紹介し，あわせて教育目的論として解読する。

それは**ホリスティック教育**を志向するミラーによるものであり，その三分類とは，伝達（トランスミッション），交流（トランスアクション），変容（トランスフォーメーション）である[9]。

（1） 伝達（トランスミッション）

高度な情報化社会に生きるものとして，人はさまざまな情報や知識を獲得し，技能を習得し，社会的に必要な行動様式や見識を身につける必要がある。「情報伝達はそれ自体においてけっして教育とはなりえない」[10]と規範的に考えることは可能だが，それでは日常的な教授と学習の実情を離れることになる。学習者はメッセージの意味を正しく受容し，その受容を可能にする理解の枠組みであるコードを習得することで，意味連関としての社会と世界を学習する。その場合情報内容の真偽は問われない。伝達の要点は，情報が意味ある記号として正しく受容されたかであり，人は世界を，そのように情報意味・コードとして学習する。

そこで伝達としての教育目的は，**デュルケーム**（É. Durkheim）によれば次のようになる。

「教育は，未成年者の体系的社会化である」[11]。

「教育は，社会が固有の存在条件を不断に更新するための手段である」[12]。

ボルノウ（1903-1991）
　ハイデガーの実存論と解釈学を踏まえ，哲学的人間学による独自の教育哲学を展開した。『気分の本質』『教育を支えるもの』など。

ホリスティック教育
　近代の機械論的自然観や人間観に対抗し，宇宙や自然と一体化した人間のつながりを重視する教育思想を総称する。現代の制度的教育に対するオールターナティブとして，フリースクールからシュタイナー学校まで幅広い。

デュルケーム（1858-1917）
　客観的・実証主義的社会学の方法論を重視したフランスの社会学者。『宗教生活の原初形態』『社会分業論』『自殺論』など。

第1部　教育の原理

規範的意義を込めつつも社会学的所見として，デュルケームによれば，教育はそもそも社会化と文化伝承の仕組み以外のものではありえない。

そこで学習者は，学習内容としての知識や技能と行動の型を課題として受容・形成するものとして，条件づけや動機づけにより操作される。

しかし伝達は，ミラーの強調する刺激―反応の操作モデルに縮減されるものではない。教育者による学習者の課題指定は，望ましい目的を獲得させる作為としては，伝達を基本とする。

（2）　交流（トランスアクション）

教育の目的は，直截にいえば，学習者の学習以外のものではない。すると積極的／消極的，能動的／受動的，自発的／強制的如何にかかわらず，教育の目的である学習は，当然ながら学習者の主体的行為として生きられている。その意味で教育の主体は学習者であり，その成立場面は学習者の体験である。またそのようなものとして，教育―学習は，教えることと学ぶこととの相互行為としての一種のコミュニケーション行為である。

コミュニケーションの目的は各種情報交換であるが，コミュニケーションの課題は，コミュニケーションの可能性そのものとしての関わりにある。同様に，教育の目的は学習者の学習による能力の拡張にあるのだが，能力育成の課題は，育成による能力開発の体験そのものである。そのようにして，人は歩くことや走ること，話すことや泳ぐことを結果として意図される目的との関連なしに，自ずからなる活動として習得するのである。

活動外の成果は付随的な結果にすぎず，それそのものが目的なのではない。

そこで，「教育の過程はそれ自体を超えるいかなる目的ももたない。すなわちそれはそれ自体の目的である」[13]。

そこからさらに**デューイ**（J. Dewey）に基づけば，教育の目的は次のように定義される。

「教育とは，経験の意味を増加させ，その後の経験の進路を方向づけるような能力を高めるように経験を改造ないし再組織することである」[14]。

ものはものとしてただあるのではなく，事象として出来事として，有用／不要な何かとして意味的に開示される。そこで人間は状況主体として，状況の不均衡を適応ないし調節により均衡化することを不断に求められる。いわば問題状況に投げ出された主体として，広義の**問題解決能力**の習得が，教育や学習の課題である。

デューイ（1859-1952）

プラグマティズムでも有名なアメリカの哲学者・教育学者。経験主義，児童中心主義の教育学を代表する。

問題解決能力

アクティブラーニングでも重視される問題解決学習 Problem-Solving-Learning の課題となる能力の定義がここにある。受動的な暗記よりも，能動的な探究が重視される。

（3） 変容（トランスフォーメーション）

　児童中心主義に裏打ちされたデューイの経験主義的教育学は，知性の適切なモデルとしての科学的方法論に依拠している。デューイは学習者の主体性に準拠しつつ，問題解決の方法を日常生活の経験に適用することで，状況を理性的かつ能動的に制御する知性の育成を企図する。それはしかし人間形成論としては，理性的制御に対する素朴な信憑に基づく主体性を強調するものである。そこで交流の代案としてではなく，交流を補完し，学習を未知との出会いに照準化する第三の類型が変容として提示される。

　第三類型として有名なのは，ボルノウの非連続的生成の教育である。教育の目的は，子どもの実存に準拠した人間の諸力と実存の覚醒と飛躍にある。

　変容の教育は，学習者の社会性と能力育成を踏まえながらも，課題はその先にある。それは能動と受動，自律と他律の間に位置しながら，学習者の非連続的生成に備える。未知なるものとの出会いを通して，連続的育成を超えた非連続的変容経験に開くこと。真の意味での他者との出会いを課題とする教育は，どこまでも出会いの可能性に定位する。

　ミラー自身の解説では，変容としての教育の目的は，宇宙の全一性との一体化であり，ホリスティックな全体の一環としての高次の自己に目覚めることで，価値と意味と正しい行動に向かうことになるという。そのために黙想や瞑想や各種のイメージワークなどが重視される。

　ボルノウによる生成の意義づけはあくまでも補完的意義の強調にとどまり，ミラーによる解説内容は，具体的な普遍化可能性をもちえない。そこでミラー自身も推奨する具体例として，理念や批判的意義づけにとどまらず，学校教育として具体化された実践例としてシュタイナー教育がある。

　芸術を重視し，また教育芸術というスローガンでも知られるシュタイナー教育の特色は，**シュタイナー**（R. Steiner）の独自な思想に由来する独特な人間理解にある。

　シュタイナーによれば，人間は社会的存在である以上に，宇宙論的存在として正しく位置づけられる。人間は思考，感情，意志の合成体であり，その三様相はそれぞれが人間と宇宙との異なる関係を表す。思考存在としての人間は，無限な宇宙を表象として対象化するものとして宇宙の外部に自己を位置づける。意志する存在として，人は時間としての未来と空間としての無限に開かれた存在である。また感情存在としては，思考する否定の働きと，意志による肯定の働きの交差ないし両義性を生きる存在である。以上は三つの異なる並列機能や領域ではなく，宇宙ないし世界に対する関わりの三様相であるから，人間活動はその時々で主として思考，主として感情，主として意

シュタイナー（1861-1925）
　ゲーテの自然研究と哲学研究をもとに独自な人智学思想を打ち立て，その教育思想を基礎としてシュタイナー学校（自由ヴァルドルフ学校）を創設した。

志の傾向性を混在させている[15]。

　以上を踏まえシュタイナー学校では，意欲の活性化，感情の育成，思考の教育などを，適当な時期に，適当なやり方で，適当な素材をもって配当する。時期を間違えた記憶力の育成が不適当だからこそ，ある時期までは徹底して知育は遮断される。それは社会の要請に呼応するだけの能力主義を，生成論の具体的知見から再構成する可能性をもつ。それによりシュタイナー学校では，思考と感情と意志あるいは想像力の調和的発展を企図する開かれた人間形成が課題とされる。

　以上，教育目的の類型論とその諸相を通覧しながら，そこで獲得された指針を踏まえ，次に学校教育の目的論を具体的に検討する。

3 学校教育の目的論

教育基本法

　教育基本法は，現代日本における公的教育全体の目的と意義と内容構成上の指針を規定するものであるから，同時にそれは学校教育の目的を規定することになる。

> （教育の目的）第1条　教育は，人格の完成を目指し，平和で民主的な国家及び社会の形成者として必要な資質を備えた心身ともに健康な国民の育成を期して行われなければならない。

　このように教育は，形式的には人格の完成という大目的のために，さらに平和的で民主的な国家および社会の形成者を課題として行われる。人格の完成は抽象的な理念として人間形成の理念に即しているが，国家および社会の形成者は教育外の要請を指定したものであるから，あくまでも人格の完成の理念に従属する。

　しかしながら現代の学校教育は，人格の完成のために行われているだろうか。学校制度の病理が喧伝され，構造的にいじめを再生しつづける荒廃した場所が人間性の陶冶と何の関係があるだろうか。そもそも学校制度は，デュルケームが社会学的に指摘するように，子どもを社会化し，国民の同一性を担保するための社会統制のシステムにすぎないのではないだろうか。とはいうものの，学校教育の歪みと逸脱は，理想的人間化の理念を標榜することで批判的に解決されるだろうか。

　この最後の問いとともに，教育目的論をめぐる重要な視座が示唆される。

　教育の目的を人間の存在目的と理念的に等置するにしても，そのような目的は一義的に確定できないのだから，教育目的はその理念的最終目的に関し

ても多様でありうる。多様な諸目的の一覧を，教師は教育活動を通してどのように考えたらいいのか。

　矛盾なく整理する一つの可能性は，順位づけとしての階層化にある。たとえば運動の目的は心身の健康にあり，健康の目的は自身のよき生の全うにある……，というようにである。教育基本法でも，第二条・教育目標を，第一条の目的を実現するための条件ないし手段となるような各論として整理している。

　しかしながら，そのような諸目的の順位づけによる階層化，優先順位による選択は，必要であるとしてもはたして可能だろうか。

　それを具体的に検討するために，学校教育の理念的目的を大別してみる。

（1）　人権充実のシステム

　まず教育基本法は，憲法の人権思想を大枠とする法治主義の原則に基づく。学校は，どこまでも権利充実の仕組みであり，子どもの学習権を保障するための制度である。管理や強い指導は制度上不可避であるとしても，自己目的化した統制のための統制は許されるものではない。しかしながら子どもの能動性と主体性を尊重するとはいえ，一切を子どもの自主性に委ねる教育などはありえない。そこで選択主体としての子どもの能動性は，子どものためにという名目で，代行されることになる。

（2）　社会化のシステム

　しかしながら同時に，学校はその制度拡充の由来からしても，そもそも社会統制のシステムである。近代のシステムとしての学校は，子どもの自立を支援する仕組みであるとともに，国民であれ市民であれ，その文化的同一性を画一的に形成するために整備されてきた。学校の統制的側面を逸脱や歪みとして糾弾するのは容易だが，現に集団的一斉主義を慣行とする学校教育では，全人教育の名目で「未成年者の体系的社会化」がなされる実情は否定しえない。その際管理のための強権的な調教は回避されるとしても，社会統制は「隠れたカリキュラム（hidden curriculum）」として現在する。

（3）　能力本位主義（メリトクラシー）

　さらに学校教育は，社会の要請に応えるものとして，社会的に有為な能力を能率的に育成するためのシステムである。社会のため，国の繁栄のために，生徒は競争による選別を動機として駆り立てられる。しかし社会が必要とする能力の育成は，それを獲得する個人にとっても社会的自立に必要な要件で

隠れたカリキュラム
hidden curriculum
　明示されている学習カリキュラムとは別に，学校生活を通して人間関係や規範や価値観などが内面的に浸透することで伝達される仕組み。

能力本位主義
meritocracy
　成果主義，業績主義とも訳す。出自によらずに能力で人を評価する肯定面と，能力だけで人を判断する否定面を合わせもつ。

ある。

　以上のように，人格の完成に収斂させるにしても，学校教育の目的は原則的に拮抗し合うものとして多様でありうる。

　仮に学校教育の大目的を人権充実に，その内容を充当するものとして社会化と能力育成を補完的に接合するとしても，あるいは社会化と能力育成を均衡化しつつ人権充実を大枠として確保するにしても，人権と社会化と能力育成は，原則的に矛盾し，実際的には背馳するものとして拮抗する。優先順位による配当は，建て前と本音，裏と表が通底し，反転し合う多義性をもたらすことにしかならない。

　そこで踏まえるべきは，学校教育がその目的設定において根本的に矛盾とジレンマを孕まざるをえないという前提である。教育における他律と自律，指導と放任，管理と自由などの対立は，それそのものが現実の教育状況を形成している。またそうした対立の中での葛藤は，生徒に向き合う教師の日常的な経験であり，そこで教師は日々決断を迫られる。しかも原理としては対立するが対立の一方に全面的に荷担するだけでは問題は解決しない。いや対立そのものは解消するのだが，そのとき教育は，統制と管理だけの仕組みに堕するか，現実を遊離した非日常の囲い込みに転化するかのいずれかである。

　そこで結論づけるなら，教師は，教育および教育の目的をめぐるジレンマを回避してはならない。教育とは，指導と支援，管理と自由，他律と自律をともに重視するというジレンマにおける決断以外のものではない。教師のそのような選択と決断を通して，人間形成の理念はそこで現実化を問われている。システムとしての学校は制度として閉じているとしても，人間の行為はその都度の決断に開かれているからである。

　そこでたとえば，人権教育を遵守する具体的方法論として，たとえば**ニーチェ**の思想や遊び論を参照できる。学校教育として現実化される教育の目的論と人間形成論の隘路は，行為の目的論的正当化にあるのかもしれない。目的論的発想，つまりためにするという意義づけそのものが，教育と学習を手段化し，あわせて人間の活動と存在を機能として客体化するという閉域を形成する元凶なのかもしれない。その場合ジレンマからの出口は，生と行為に内在するという自己充足性にある。人は楽しいから自ずと学び何かを制作し，知見の拡大により生の豊かさと可能性に鼓舞される。ここでもまた，それは意味に無意味を，合理性に非合理的衝動を対置することではない。それはむしろ，対立する両項の間に位置することで両義性をつなぐことである。教育—学習とは，そのように既知と未知，自己と他者，合理性と情感性との間をつなぐメディアとしての試みなのである。

教育目的論そのものを相対化するそうした洞察を参照し，そこからさらに具体的内容と方法に展開する可能性と必要性を示唆するところで，教育目的論はその役割を完了する。

【引用・参考文献】

1）I・カント「教育学」湯浅正彦他訳『カント全集 17』岩波書店，2001 年，p. 221
2）同書，p.217
3）M・シェーラー「哲学的世界観」亀井裕他訳『シェーラー著作集 13』白水社，1977 年
4）大澤真幸『現代宗教意識論』弘文堂，2010 年，p.7, Vgl., N.Luhmann, *Soziale Systeme*, Frankfurt a.M. 1984
5）たとえば W. Loch は，「文化の創造者であると共にその被造物である」という人間の二重構造に関連づけることで，「人間的本質の開放性」を教育必要性の内実へと具体化した。Vgl., W. Loch, *Die anthropologische Dimension der Pädagogik*, Essen 1963, S.191ff.
6）M・シェーラー「宇宙における人間の地位」（前掲書）p.59
7）F・ニーチェ『ツァラトストラはこう語った』
8）O・F・ボルノウ，浜田正秀訳『哲学的教育学入門』玉川大学出版部，1982 年，pp.106-118
9）John P. Miller, *The holistic curriculum*, Toronto 1988. 邦訳，ジョン・P・ミラー，吉田敦彦他訳『ホリスティック教育』春秋社，1994 年
10）O・ルブール，石堂常世他訳『学ぶとは何か』勁草書房，1984 年，p.37
11）É・デュルケーム，佐々木交賢訳『教育と社会学』誠信書房，1976 年，p.59
12）同，麻生誠他訳『道徳教育論 1』明治図書出版，1984 年，p.22
13）J. Dewey, *Democracy and education*, Simon & Brown 2012. 邦訳，J・デューイ，松野安男訳『民主主義と教育』岩波書店，1975 年，p.87
14）同書，p.127
15）Vgl., R. Steiner, *Allgemeine Menschenkunde als Grundlage der Pädagogik*, Dornach 1992. 邦訳，R・シュタイナー，高橋巖訳『教育の基礎としての一般人間学』筑摩書房，1989 年

お薦めの参考図書

① I・カント『論理学・教育学　カント全集 17』岩波書店，2001 年
② É・デュルケーム『教育と社会学』誠信書房，1976 年
③ J・デューイ『民主主義と教育』岩波書店，1975 年
④ J・P・ミラー『ホリスティック教育』春秋社，1994 年
⑤ R・シュタイナー『教育の基礎としての一般人間学』筑摩書房，1989 年
⑥ 子安美知子『ミュンヘンの小学生』中央公論社，1975 年
⑦ 子安美知子『ミュンヘンの中学生』朝日新聞社，1984 年
⑧ 矢野智司『ソクラテスのダブルバインド』世織書房，1996 年

第3章 家庭・地域における教育

　子どもは，さまざまな環境をとおして発達をしていく。幼稚園教育要領や保育所保育指針でも「環境をとおして行う教育」について示されている。

　図3-1の保育環境のカテゴリーは，高杉がブロンフェンブレンナー（U. Bronfenbrenner）や石毛直道の分類をもとに大場幸夫が行った保育環境のカテゴリーを修正したものである[1]。図3-1では，物質文化環境，社会環境，自然環境，情報環境の4つを挙げ，子どものさまざまな環境とのかかわりを示している。保育環境は，マイクロシステム，メゾシステム，エクソシステム，マクロシステムとロシアのマトリョーシカ人形のような入れ子構造になっており，相互に関連し，つながっているとされている。

　では，子どもたちはどのように環境とかかわり，発達していくのだろうか。本章では，主に乳幼児期の子どもの発達と家庭や地域のかかわりについてとらえていく。

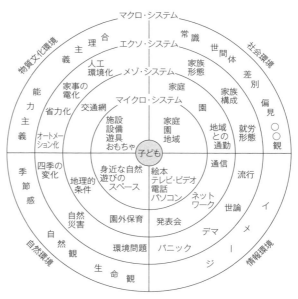

図3-1　保育環境のカテゴリー
出典：高杉展「子どもが育つ環境の理解」『保育原理』ミネルヴァ書房，2001年，p.66，図4-1　保育環境のカテゴリー

1 家庭で子どもを育むこと

（1） 家庭における子育て

　近年，家族の形態は多様化してきているが，出生後，多くの子どもは父親，母親，きょうだい，祖父母などの家族成員とともに生活をして育っていく。**生涯発達**の観点からみても，まず子どもが家庭において，愛情を持って育てられることが大切である。また，養育者にとっても，親になることや子育ての経験が成人期の発達においても大きな意味があるとされている。

　子どもにとって母子の**愛着**関係を築くことが大切であるといわれている。ボウルビィ（J. Bowlby）は，母親への愛着は，① 人に関心を示すが，人を区別した行動はみられない段階，② 母親に対する分化した反応がみられるが，母親の不在に対して泣くというような行動がまだみられない段階，③ 明らかに愛着が形成され，愛着行動がきわめて活発な段階，④ 愛着対象との身体的接近を必ずしも必要としなくなる段階の4段階を経て発達し，その間に他の対象へも愛着の輪を広げていくとしている。愛着行動には，接近・接触・後追いといった自らが移動することで身体的接近や接触を能動的に求める行動や，微笑・発声・泣きといった信号を通して，接近や相互作用を求める信号行動などがある[2]。また，愛着を形成した子どもは母親を**安全基地**として，**探索行動**を行うようになる。子どもにとって，愛着形成はその後の人間関係における基本的信頼感の形成にも影響を及ぼすともいわれ，母子関係の情緒的な結びつきが発達の初期段階には重要とされている。

　また，子どもは1歳頃になってくると，盛んに指さしをしてコミュニケーションをするようになってくる。子どもが指をさしたものに対して，養育者が応答的にかかわることが重要である。子ども，養育者，ものの関係性を結ぶことで，言葉の獲得や心の理解の発達にもつながっていく。たとえば，子どもが猫を指さしたときに，養育者が「ニャンニャンだね」と答えるなど，同じものを見る**共同注意**を行い，三項関係を結ぶことが大切である。この関係の中で，子どもは，言葉の意味を理解していくことになる。子どもは猫と養育者の言う「ニャンニャン」という言葉を結びつけて，ものには名前があることを理解し，養育者が自分の意思や意図を汲み取り，応答してくれることに喜びを感じ，また興味関心があるものをともに見ようとするコミュニケーションが促されるのである。また，子どもが初めて会う人や新規なものに対して，養育者の表情などを参照して行動に移す社会的参照を行うことも重要である。

生涯発達
　人間の受胎，誕生から死に至るまでの人間の変化発展過程。

愛着
　母子間の情緒的な絆。

安全基地
　子どもが探索行動を行う拠りどころ。

探索行動
　新奇なもの，興味を引かれたものに働きかけて物の性質や物と物との関係を確かめる行動。

共同注意
　対象に対する注意を他者と共有する行動。

第1部　教育の原理

養育者は，家庭において，子どもにしつけ（躾）をすることも大切である。礼儀や態度・マナーなど，社会生活を営む上で身につける必要のある事柄は非常に多い。養育者は，乳幼児期におけるしつけ（躾）が，その後の生活習慣や社会性などの基盤になることを理解し，子どもが状況や場面に応じて必要な行動や態度を身につけられるよう生活経験を積み重ねていくことが重要である。

（2）　家庭教育における現状と課題

現代を取り巻く家族の現状の一つとして，核家族化の問題がある。現代では，子どもをもつ世帯では，祖父母と同居をする三世帯以上の拡大家族よりも，父親，母親，子どもを中心とした核家族が多い。平成28年の国民生活基礎調査の「児童数別，世帯構造別児童のいる世帯数及び平均児童数の年次推移」では，夫婦と未婚の子のみの世帯が857万6千世帯（児童のいる世帯の73.5%）で最も多く，次いで三世代世帯が171万7千世帯（同14.7%）となっている[3]。

育児ストレス
子育てにおいて，何らかの外部からの刺激によって，緊張状態が生じ，心身に著しい負荷がかかること。

現代社会においては，祖父母などに，子育ての相談をしたり，子どもをともに育てる環境にある家族が少なく，祖父母などの支援が得られず，両親が育児に困難を抱えるような**育児ストレス**の問題も指摘されるようになってきた。育児ストレスに関しては，サポート源の有無やパートナーの育児参加の問題が指摘されている。そして，母親の仕事の持ち方によって子どもへの感じ方や期待感，地域活動への参加の姿勢が異なることや，育児サポートや子育て情報へのニーズは，子どもの数，住居形態，家族構成（同居の有無），転居経験に影響されることがわかっている。また，育児サポーターや情報の入手先として親と近所の人が重要な役割を果たし，育児ストレスの軽減には，夫の協力が最も重要であり，地域の専門機関や育児サークルの存在も有意義であることや育児ストレスの背景に母親の成育経験が関連することが明らかになっている[4]。

図3-2で，男性が子育てや家事に費やす時間をみると，6歳未満の子どもを持つ夫の家事関連時間は1日当たり67分となっており，その中で育児の時間は39分と先進国中最低の水準にとどまっている[5]。パートナーの家事・育児の参加は妻の家事・育児負担を軽減するとともに，育児ストレスなどにも影響があるとされるが，労働時間との関連もあり，家庭内だけで解決するのが難しい面もある。男女ともに**ワーク・ライフ・バランス**など労働の問題とも関連し，働き方の見直しも課題にあるといえる。

ワーク・ライフ・バランス
仕事と生活の調和。

現代社会では，インターネットなどの普及により，さまざまな情報を容易

第3章　家庭・地域における教育

に入手することができるようになってきた。子育てに関する行政や育児サークルなどの情報を得て子育てに活用している養育者も多い。しかしながら、**情報リテラシー**の有無で、情報の正確性を吟味することなく、その情報をもとに子育てを行ったり、スマートフォンを子どもに与えて遊ばせる問題や子どもによるスマートフォンや携帯電話の所持によるトラブルなども生じている。

また、テレビなどの視聴で育児をする問題も従来から指摘されている。図3-3では、2歳児から6歳児が家でテレビやビデオを見たり、ゲーム機やタ

情報リテラシー
　情報技術を使いこなしたり、分析や管理をしたり、活用する能力。

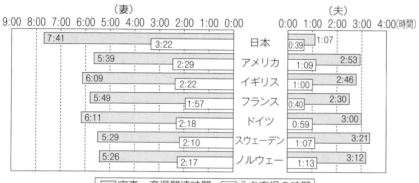

（備考）1. Eurostat "How Europeans Spend Their Time Everyday Life of Women and Men"（2004）, Bureau of Labor Statistics of the U.S. "American Time Use Survey"（2015）及び総務省「社会生活基本調査」（2011（平成23）年）より作成。
　　　2. 日本の数値は、「夫婦と子供の世帯」に限定した夫と妻の1日当たりの「家事」、「介護・看護」、「育児」及び「買い物」の合計時間（週全体）である。

図3-2　6歳未満子供を持つ夫の家事・育児関連時間（1日当たり・国際比較）
出典：内閣府少子化対策HP「6歳未満の子供を持つ夫の家事・育児関連時間（1日当たり・国際比較）」

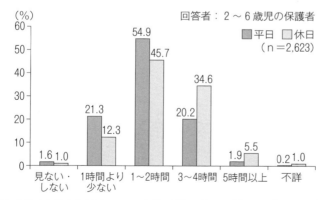

図3-3　テレビやビデオを見る1日の平均時間、ゲーム機やタブレット等を使用する平均時間（平日、休日）
出典：全国保育団体連絡会・保育研究所「最新データと解説＝保育の今」『保育白書2017年版』ひとなる書房、2017年、p.17「図表1-1F3　テレビやビデオを見る一日の平均時間、ゲーム機やタブレット等を使用する平均時間（平日、休日）」

ブレット等を使用する平均時間は，平均平日，休日とも1～2時間が最も多く，平日で20.2%，休日では34.6%の子どもが，1日平均で3時間以上，テレビやビデオ，ゲーム機やタブレットなどを使用していることがわかる[6]。現代の情報化社会において，どのように情報とかかわっていくのか，家庭で情報教育を行うことも大切である。

2 地域で子どもを育むこと

（1） 子どもと幼稚園・保育所のかかわり

子どもは，初めての社会集団の場として同世代の子どもたちと幼稚園や保育所で過ごす。そこで，自分自身の主体性を発揮しながら，他の子どもや保育者と集団で生活をするための社会性などを身に付けていく。

図3-4では，3歳児は2016年では，保育所42.9%，認定こども園等9.4%，認可外保育施設2.9%，幼稚園37.9%，家庭6.8%と，93.1%の子どもが幼稚園や保育所などで過ごしていることがわかる[7]。また，2006年と比較すると，どの年齢でも保育所の入所率は増加している。とくに0歳児や1・2歳児の入所率は上昇しており，昨今の**待機児童**の問題にもその影響は顕著で，問題の解消が望まれている。

幼稚園や保育所は，子どもたちにとって日常生活の一部であるとともに，保育者や同世代の子どもたちと遊びをとおして，さまざまなことを学んでいる。たとえば，ブランコや滑り台など遊具を使った遊びでは，体の動かし方や順番など協同で遊ぶためのルール，ごっこ遊びでは，社会的な役割や生活様式など，友達とともに活動をすることで多くの学びがある。子どもたちは遊びの中で，いざこざやけんかなども経験する。子どもたちはいざこざやけんかをとおして，主体性や協調性，礼儀や態度，心の理解を学んでいる。

パーテン（Parten. M. B）は，遊びを社会的な関係による視点から，何にも専念していない行動，傍観的行動，ひとり遊び，**平行遊び**，連合遊び，**協同遊び**というように分類を行っている[8]。子どもの遊びも年齢を経るごとに発達をしており，保育環境の中で自己を発揮しながら，人とのかかわりや協調性を育んでいく。このように，遊びは，子どもにとって，さまざまな力を育み，発達していく大きな作用をしているのである。

（2） 地域教育における現状と課題

1） 地域における幼稚園・保育所の役割

社会において，幼稚園や保育所などが地域とつながり，開放的な場である

待機児童
　保育所に入所を希望しているが入所できない子ども。

平行遊び
　複数の子どもが同じ場所で各々が自分のしたい遊びを行っている形態。

協同遊び
　複数の子どもが役割分担などをしながら力を合わせて取り組む遊び。

第3章　家庭・地域における教育

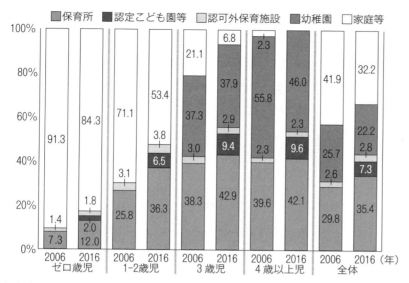

(注1) 保育所入所児童数は「福祉行政報告例（厚生労働省〈2016年4月1日現在〉）」（概数）による。
(注2) 認定こども園等の在園児数は全年齢において、幼保連携型認定こども園のほかに、地方裁量型の在園児数を含む。3歳未満児については、さらに、幼稚園型認定こども園、地域型保育事業の入所児童数も含む。
認定こども園および地域型保育事業の在園児数は内閣府「認定こども園に関する状況について〈2016年4月1日現在〉」と厚生労働省「保育所等関連状況取りまとめ〈2016年4月1日現在〉」の数値から算出。
(注3) 認可外保育施設利用者数は「認可外保育施設の現況〈2016年3月31日現在〉」による。
(注4) 幼稚園在園児童数は「学校基本調査（文部科学省〈2016年5月1日現在〉）」による。
(注5) 就学前児童数（0～5歳児人口）は人口推計（総務省統計局〈各年10月1日現在〉）をもとに、以下のような修正を加え4月1日現在の人口を推計した。A歳人口＝10月1日現在のA歳児人口×6/12＋10月1日現在の（A+1）歳児人口×6/12
(注6) 合計は100.0%にならない場合がある。

図3-4　就学前児童の保育状況

出典：全国保育団体連絡会・保育研究所「最新データと解説＝保育の今」『保育白書2017年版』ひとなる書房、2017年、p.12、図表1-1B2　就学前児童の保育状況

ことが求められている。保育所保育指針（第4章「子育て支援」など）や幼稚園教育要領（第3章「教育課程に係る教育時間の終了後等に行う教育活動などの留意事項」など）では、子育て支援について明記されている。幼稚園や保育所は、子どもが登園している養育者だけでなく、地域で子育てをしている養育者にも保育の専門家として子育て支援をする必要がある。

　子どもが登園している養育者に対する子育て支援の例として、日々の保育において連絡しあったり、相談を受け付けたり、園行事などの参加による子どもの相互理解をすることなどが挙げられる。また、障がいや発達上の課題がみられる場合や単親家庭、外国籍の家庭などには、養育者の希望に応じて個別の支援を行政などと連携をして行うことなどが求められている。

　地域に開かれた幼稚園や保育所における子育て支援の例として、子育て中

第1部　教育の原理

の家族に対して，園庭開放を行ったり，保護者同士の交流の場としての機能
を有したり，子育て相談などの事業を行い，子育て支援の場としての役割も
担っている。また，園行事で福祉施設の高齢者の方を招いて交流を深めたり，
手紙のやりとりを行って敬老の日を祝うなど，地域に根ざした活動も積極的
に行っている。地域のお祭りなどでは，子どもたちが灯篭を作成したり，お
稚児行列をしたりするなど，子どもたちが参加することで，自分の住んでい
る街を知り，郷土愛を育むことにもつながっている。また，開かれた子育て
支援の場をとおして，日常生活であまり会うことのない多くの年齢層の地域
の人々と出会い，人々がつながる契機となっている。

　このように，幼稚園，保育所は地域に開かれた子育て支援の拠点であると
同時に地域とどのようにつながっていくかというコーディネーターとしての
役割も求められている。一過性のイベントの実施，参加だけでなく，保育者
は計画的に系統を立てて，園のカリキュラムとして成立させることも大切に
なってくる。

2）地域における子育て支援事業の役割

**地域子育て支援セン
ター**
　国の施策として地
域全体で子育てを支
援する基盤形成を図
るため，創設された
施設。

　昨今，国や地方自治体において，さまざまな子育て支援事業が展開されて
いる。また，**地域子育て支援センター**では，子育て相談，乳幼児の遊ぶ場所
の提供，子育て関連のセミナー，講演など，地域に密着した子育て支援事業
が行われている。民間レベルでも NPO 法人やボランティアなどが地域にお
ける子育て世代に焦点化した自然体験や季節に合わせたイベントを行ったり，
子育てサークルが多く立ち上げられるなど，多様な子育て支援が展開されて
いる。図 3-5 を見ると，子育て支援活動は，対象・内容・目的によって，さ
まざまな支援の方法があることがわかる[9]。一般的な子育て家庭のニーズに
耳を傾けて行う支援のあり方と特定的な家庭に向けられた支援を考えたプロ
グラムの策定や課題の解決の方法を今後も模索していくことが大切である。
子育て支援のニーズがある家庭に対して，情報が広く行き渡るように情報提
供をしていくことも必要である。また，幼稚園や保育所，学校などや子育て
に関する専門機関をとおして，支援の必要な家庭を把握して，適切な支援を
していくことも重要である。

　このように，地域において多くの活動があり，子育て支援などのあり方も
地域の問題として取り組まれつつある。今後，地域で家庭を支援していく上
でどのような課題があるだろうか。

　子育て支援を充実させていくための今後の課題として，第1に，それぞれ
のニーズに合った支援の提供，第2に，誰が支援を実践するのか，あるいは
できるのか，子育て支援プログラムの内容に応じて，実施者としての専門性

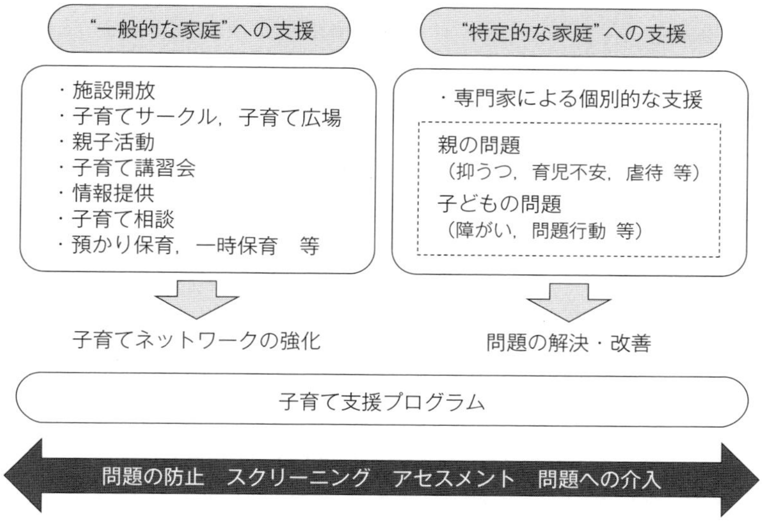

図3-5　子育て支援活動の対象・内容・目的
出典：荒牧美佐子「子育て支援の広がりと効果」『発達と支援』新曜社，2012年，p.70，図6-1　子育て支援活動の対象・内容・目的

や資格を明確にしていく必要性がある。第3に，支援の担い手である専門家の養成から，受け手である親同士の関係性の調整に至るまで，人的な資源をうまく活用していくこと，第4に，支援やプログラムの介入効果についての検証データを蓄積し，EBP（Evidence-based practice：エビデンスに基づく実践）を重視した支援の展開を図ること，第5に，支援と支援をどうつなげていくかが指摘されている[10]。

地域において，さまざまな取り組みがあるが，地方自治体や学校，民間レベルでの子育てに関する専門機関が連携をして，子どもにどのように育ってほしいかを議論し，そのためにはどのような取り組みが必要かを今後は模索する必要があるだろう。また，各地域の特性，特色などにより，抱えている課題は異なることから，地域におけるニーズをとらえながらの支援の必要性があると考えられる。また，従来からの家庭で子どもを家族が育てるというとらえ方はもとより，地域で子どもを育むといった視点で，行政や民間レベルでの地域で支える教育のあり方を考えていくことが大切である。

【引用・参考文献】
1）高杉展「子どもが育つ環境の理解」森上史朗編『保育原理』ミネルヴァ書房，2001年，pp.61-84
2）中島義明・安藤清志・子安増生他『心理学辞典』有斐閣，1999年，pp.3-4
3）厚生労働省「平成28年国民生活基礎調査の概況」HP，http://www.mhlw.go.jp/toukei/saikin/hw/k-tyosa/k-tyosa16/dl/02.pdf（2017年10月20日閲覧）
4）寺見陽子「母親の育児ストレスの背景とソーシャルサポートに関する研究――母親の成育経験と子育て環境との関連」『神戸松蔭女子学院大学研究紀要人間科学部編』第4巻，

2015 年，pp. 59-73

5）内閣府「少子化対策夫の協力」HP，http://www8.cao.go.jp/shoushi/shoushika/data/ottonokyouryoku.html（2017 年 10 月 12 日閲覧）

6）厚生労働省「平成 27 年度乳幼児栄養調査結果の概要」HP，http://www.mhlw.go.jp/file/06-Seisakujouhou-11900000-Koyoukintoujidoukateikyoku/0000134209.pdf（2017 年 10 月 12 日閲覧）

7）全国保育団体連絡会・保育研究所「最新データと解説＝保育の今」『保育白書 2017 年版』ひとなる書房，2017 年，pp. 9-20

8）Parten, M. B 1932 Social participation among pre-school children. *Journal of Abnormal and Social psychology*, 27, pp. 243-269.

9）荒牧美佐子「子育て支援の広がりと効果」日本発達心理学会編『発達と支援』新曜社，2012 年，pp. 63-72

10）同上

お薦めの参考図書

① 麻生武『乳幼児の心理——コミュニケーションと自我の発達』サイエンス社，2002 年

② 遠藤利彦・佐久間路子・徳田治子・野田淳子『乳幼児のこころ——子育ち・子育ての発達心理学（有斐閣アルマ）』有斐閣，2011 年

③ 櫻井茂男・岩立京子編著『たのしく学べる乳幼児の心理［改訂版］』福村出版，2010 年

④ 外山紀子・外山美樹『やさしい発達と学習（有斐閣アルマ）』有斐閣，2010 年

第4章 「教える―学ぶ」の関係と意義

1 大人と子どもの境界

　私たちは人生のあらゆる年齢のさまざまな場において,「教える―学ぶ」機会に遭遇する。しかし,「教える―学ぶ」という関係について考えるとき,やはり私たちが最初に思い浮かべるのは,親―子,教師―生徒に代表される「大人―子ども」の教育的な関係だろう。

　では,この「教える側の大人」と「学ぶ側の子ども」との境界は,いったいどこにあるのだろうか。すなわち,私たちはいったい幾つまでが子どもで,幾つになったら大人になるのだろうか。さて,このような問いを投げかけられたとしたら,あなたはどのように答えるだろうか。ある人は,中学校卒業後には働いてお金を稼ぐこともできるので,義務教育を受けているあいだが子どもではないか,と答えるだろう。ある人は,女性は16歳,男性は18歳になると結婚して新しい家庭を築くことができるので,結婚できる年齢になるまでは子どもではないか,と答えるだろう。またある人は,罪を犯すと刑に処され,また飲酒や喫煙が許されるのはまさしく成人と呼ばれる20歳なので,20歳未満が子どもではないか,と答えるだろう。あるいは,親元を離れ自立することができてはじめて一人前の大人になるのであり,親の援助を受けている大学生はまだ子どもだ,と答える人もいるかもしれない。

　このように大人と子どもの位置づけは人それぞれに異なるが,いずれにせよ私たちは,大人とは区別して教育され,保護されるべき一定の期間を「子ども期」として捉えているといえよう。ところが,歴史家の**アリエス**(Ph. Aries)によると,このような「子ども期」という観念は,驚くべきことに,中世の社会には存在していなかった。現代の私たちが抱く子どものイメージは,じつは人類の長い歴史からみるならばほんの数世紀前,17世紀のヨーロッパにおいて人々の意識のなかに芽生えたものなのである。

　ところで,教育や福祉の分野では,「こども」を「子供」ではなく,「**子ども**」と表記することが多い。というのも,「供」という漢字には「つき従って行く人,従者」という意味があり,「子供」の表記は,大人のお供をする(つき従って行く)者というイメージを呼び起こすからである。したがって,大人につき従うのではない子ども独自の存在を尊重するという観点から,ここ

アリエス
　フランスの歴史家。『〈子供〉の誕生』で近代家族の出現とともに「子ども」の観念が出現したことを示し,反響を呼んだ。

子ども
　ただし,2013年に文部科学省は,差別的表記ではないとして,公用文書における表記を「子供」に統一している。

では「子供」ではなく，「子ども」と表記しておくことにしたい。

2 子ども観と教育観

（1） 中世の子ども観と教育観

なぜ中世においては人々の意識のなかに，現代のような「子ども期」という観念が存在しなかったのだろうか。その大きな理由としては，① 高い死亡率，② 里子・徒弟修業の慣習，という2つの歴史的背景があったと考えられる。

医学の進歩・発展していなかった中世において，人々にとって死はつねに身近なものであった。とくに幼い子どもたちは栄養失調や疾病にかかりやすく，最も死に近い存在であった。現代であれば，親は生まれた子どもに対し，この子はこれからどのように成長し，どのような大人になっていくのだろうと，我が子の将来に期待で胸を膨らませるだろう。しかし中世の親たちは，生まれてきてもすぐに死んでしまうかもしれない子どもに対して，将来への期待感を抱いたり，特別な愛情を注いだりすることは少なかったのである。

中世における大人たちの子どもへの愛情のなさには，里子の慣習とスウォッドリング（swaddling）と呼ばれる子育て法も少なからず影響していた。生まれたばかりの乳児は，しばらくのあいだ母親から離れ，乳母のもとに里子に出され，養育されるのが普通であった。また乳児は，病気の感染や身体の畸形を予防するため，そして勝手に動き回ることを阻止するために，幅が広く丈の長い布によってぐるぐる巻きにされ，放置されていた。このスウォッドリングによって，乳母や母親は乳児に時間を縛られることなく，自分の仕事に専念することができた。しかしその分，乳母や母親と乳児との接触は少なくなり，乳児に対する愛情が形成しにくかったといえよう。また，乳児の感染症や畸形の予防のためであったスウォッドリングは，かえって虚弱体質や皮膚病を引き起こし，乳幼児の死亡率を高める原因にもなった。

このような死にやすい時期を幸運にも生きのび，いくつかの言葉も覚え，食事や衣類の着脱，排泄など，自分で身の回りのことができるようになると，子どもは他人の家に徒弟修行に出されるのが慣わしになっていた。そうして彼らは他人の家で，大人と一緒に家事や労働をするなかで，日常生活や仕事に関するさまざまなことを学んでいったのである。この徒弟修業の慣習は，人手が足りない家庭においては労働力の確保となるものであった一方，多くの人員を抱えきれない家庭においては，養育負担の軽減となるものであった。

このように中世において，子どもは乳幼児期を過ぎるとすぐに「小さな大

人」として大人の仲間入りをし，大人と共に働きながら，そのなかで必要なことを学び，そして大人と一緒に遊んでいたのである。そこでは人々のなかに「大人とは区別して教育され，保護されるべき対象としての子ども」という意識は存在せず，現代の親たちが抱くような子どもへの特別な愛情も，子どもへの教育熱も生じることはなかったのである。

（2） 近代の子ども観と教育観

　政治革命・産業革命・科学革命・宗教改革などによって伝統的な共同体が崩壊し，社会が大きく変化した17世紀ヨーロッパにおいて，しだいに人々の意識のなかに，「大人とは区別して教育され，保護されるべき対象としての子ども」という観念が芽生えてくるようになる。それには，① 産業化による労働の変化，② 死亡率の低下と近代家族の成立，③ 原罪説からの脱却，といった大きな3つの理由があった。

　近代における農村共同体から産業都市社会への移行により，父親は家の外で労働し，母親は家のなかで家事をするという新たな役割分担が生じることになった。また，労働内容が複雑化したことにより，労働力としての子どもの価値が低下することになった。そこに，医学の進歩・発展により子どもの死亡率が減少したことも加わって，母親と子どもはこれまでよりも長期間家庭で過ごすようになった。そうして17世紀末には，伝統的な徒弟修業は，家庭でのしつけと学校での教育へと置き換えられるようになったのである。

　さらに，近代の親たちにおいて子どもの教育熱が高まったことの背景には，白紙説の受容があった。中世においてはキリスト教的**性悪説**（原罪説）の影響によって，人間は生まれながらに罪を負った存在である，とみなされていた。すなわち，子どもは生まれながらに悪に染まった存在なのであり，そこでは子どもの教育の可能性というものは認められなかった。しかし17世紀になって，イギリスの哲学者**ロック**（J. Locke）が著書『教育に関する考察』（1693年）のなかで，生まれたばかりの人間は，何も書かれていない「白紙（**タブラ・ラサ**）」である，と主張することになる。すなわち，子どもは生まれたときは何色にも染まっていない真っ白な存在なのであり，したがって，善いものを与えれば子どもは善くなるし，逆に悪いものを与えれば子どもは悪くなると唱えたのである。つまり，大人の働きかけ次第で子どもはどのような形にでも変えられるのであり，そのような子どもの可塑性・陶冶性への信頼が，親たちの教育への意識を一層高めることになった。

　しかし，やがて大人たちは愛情と教育という名のもとに，しだいに子どもを管理・拘束するようになっていく。親は厳しいしつけによって，子どもに

性悪説
　人間の本性は悪であるとする説。東洋では荀子，西洋ではホッブスの説が有名。

原罪説
　キリスト教における最初の人間アダムとイブが犯した罪。彼らの子孫である人類はこの罪を背負うとされる。

ロック
　イギリスの哲学者。イギリス経験論および啓蒙思想の創始者として知られる。

タブラ・ラサ
　ラテン語 *tabula rasa*。何も書かれていない書字板の意味。

絶対的な従順を強いるようになり，学校は厳格な規律のなかに子どもを閉じ込め，鞭打ちや独房という懲罰を与えるようになったのである。

18世紀半ばになると，キリスト教的性悪説に対して，ロックの白紙説とは異なるもうひとつの考え方が登場する。それは哲学者**ルソー**（J. J. Rousseau）の唱える自然主義的**性善説**である。ルソーは，著書『エミール』（1762年）のなかで，創造主（神）の手を離れるときすべては善いものであるが，人間の手に移るとすべてが悪くなる，と主張した。すなわち，子どもは生まれながらに善なるものであり，この善性（自然性）を尊重しながら成長を促すことが，教育の根本であると唱えたのである。先にみた，スウォッドリングの布で身体を拘束することをやめるように唱えたのもルソーであった。その後，親たちは，乳幼児が自由にのびのびと活動できるような，ゆったりとした衣服を身に付けさせるようになっていくのである。

> **ルソー**
> フランスの思想家。子どもには特有のものの見方・考え方・感じ方があると唱えた「子どもの発見者」として知られる。
>
> **性善説**
> 人間の本性は善であるとする説。東洋では孟子，西洋ではルソーの説が有名。

3 「教える—学ぶ」の関係と意義

（1）「教える—学ぶ」の2つのモデル

上記のように，人々の意識の変容を歴史的に辿ってみると，子ども観と教育観は密接に関わっているということが理解できただろう。ところで，先にみたロックの「白紙説」とルソーの「自然主義的性善説」は，現代においても2つの大きな教育モデルとして受け継がれている。ここでは分かりやすく，前者を「塑造—粘土モデル」，後者を「栽培—植物モデル」，と名づけておきたい。

第1の塑造—粘土モデルとは，子どもを粘土として，教育を塑造として捉えるモデルである。子どもは粘土のような存在であり，教育者の意図にしたがって，どのような形にでもつくることができる。教育者には子どもの完成像がイメージされており，この完成像に向けて積極的に導いていくことが教育であるとみなされる。

一方，第2の栽培—植物モデルとは，子どもを植物として，教育を植物栽培として捉えるモデルである。子どもは自ら成長する意志と可能性を秘めている植物の種子のような存在である。教育者は子どもを教育者の意図する完成像に向けて形づくるのではなく，子どもに本来備わっている可能性が引き出されるように，間接的に環境を整備していくことが教育であるとみなされる。

（2）　生活力と生命感

　これらの２つの教育モデルを，自我論と結びつけて考えてみることで，「教える―学ぶ」関係について，さらに理解を深めていきたい。フランスの哲学者ベルクソン（H. Bergson）によると，私たちの自我は「表層の自我」と「深い自我」の２層に分けられる。

　表層の自我の説明から始めよう。あなたは毎朝大学へ行く前に，かならず一度は鏡を見るだろう。あなたは鏡に映った自分を見て，身だしなみを確認し，髪形が乱れていれば直し，服装が似合わなければ取り替えるに違いない。このように私たちは，鏡に映して自分の髪形や服装を直しているように，他者を鏡として，他者の目を通して，その都度自分をつくりかえている。たとえば，家族の前での自分，友達の前での自分，学校での自分，アルバイト先での自分など，私たちは人や状況によって少しずつ自分を変化させている。ベルクソンの唱える表層の自我とは，このような人や状況によって変化する社会的な自我のことである。

　人や状況に自らを合わせていくことは悪いことではない。このような自我が形成されているからこそ，私たちはその場その場に応じた振舞いをすることができ，社会生活を円滑に営むことができるのである。つまり，家庭や学校で身につける知識や道徳とは，このような表層の自我，すなわち私たちが社会生活を営む上で重要な「生活力」のことなのである。この生活力を育むためには，教育者は，それぞれの社会に応じたある程度の完成像を必要とするであろうし，その完成像に向けて積極的に導いていくことが必要になってくるだろう。したがって，第１の塑造―粘土モデルの「教える―学ぶ」関係は，表層の自我＝生活力の育成と親和性があるといえよう。

　続いて，ベルクソンの唱える深い自我とはどのようなものであろうか。深い自我とは，人や状況によって変化しない，私たちの根底を流れる生命の流れのことである。たとえば，深い喜びや深い悲しみの中にいるとき，私たちは他者の目を気にすることなく，思いきり笑ったり，大粒の涙を流したりするだろう。また，スポーツをしたり，絵を描いたり，楽器を演奏したりして何かの行為に夢中になっているときも，私たちは他者の目を気にすることなく，本来の自分を出しているだろう。ベルクソンによると，このようなとき，私たちは自らの根底を流れる生命の流れの中にいる。そしてこのような生命の流れの中にいるとき，私たちは生きているという実感，すなわち「生命感」を抱くのである。

　教育者の多くは，子どもたちに表層の自我＝生活力を育成するだけではない。教育者は，環境を整備しながら，子どもに本来備わっている可能性が引

ベルクソン
　フランスの哲学者。生命の流動性を重視する「生の哲学」を唱えた。

き出されるように援助しているとき，この深い自我＝生命感をも育んでいる。したがって，第2の植物―栽培モデルの「教える―学ぶ」関係は，深い自我＝生命感の育成と親和性があるといえるだろう。

　このように，「教える―学ぶ」関係における，「塑造―粘土モデル」と「栽培―植物モデル」は，単に「指導」か「放任」かといった単純なモデルではない。教育者は両方のモデルを念頭に置きながら，子どもたちに生きる力――「生活力」と「生命感」――を育てていく必要があるのである。

【引用・参考文献】

1）フィリップ・アリエス，杉山光信・杉山恵美子訳『〈子供〉の誕生――アンシャン・レジーム期の子供と家族生活』みすず書房，1980 年
2）アニタ・ショルシュ，北本正章訳『絵でよむ子どもの社会史――ヨーロッパとアメリカ・中世から近代へ』新曜社，1992 年
3）北本正章『子ども観の社会史――近代イギリスの共同体・家族・子ども』新曜社，1993 年
4）エリカ・ラングミュア，高橋裕子訳『「子供」の図像学』東洋書林，2008 年
5）アンリ・ベルクソン，平井啓之訳『時間と自由（ベルクソン全集1）』白水社，1965 年
6）作田啓一『生成の社会学をめざして――価値観と性格』有斐閣，1993 年
7）井藤元編『ワークで学ぶ教育学』ナカニシヤ出版，2015 年

お薦めの参考図書

① ジャン＝ジャック・ルソー，今野一雄訳『エミール（岩波文庫）』岩波書店，1962 年
② アニタ・ショルシュ，北本正章訳『絵でよむ子どもの社会史――ヨーロッパとアメリカ・中世から近代へ』新曜社，1992 年
③ 山名淳『「もじゃべー」に〈しつけ〉を学ぶ――日常の「文明化」という悩みごと』東京学芸大学出版会，2012 年
④ 辻本雅史『「学び」の復権――模倣と習熟（岩波現代文庫）』岩波書店，2012 年
⑤ 佐藤学『学校の挑戦――学びの共同体を創る』小学館，2006 年

▶第 2 部◀

教育の思想と
制度の歴史

第5章 西洋の教育Ⅰ（古代から近世まで）

　本章では，古代ギリシャ期から，ルネサンス期，宗教改革期までの教育思想について説明する。ペルシャ戦争（BC500-449）終結後，アテナイはデロス同盟において主導的な役割を果たし，地中海および黒海沿岸に成立していた都市国家（ポリス）の中で，最も隆盛を極めた。ポリス市民の間には，自由と自治を尊重する民主的な国家を守ろうという意識が高まり，スパルタに代表される身体の鍛錬を中核とする教育と，アテナイに代表される言葉や対話による徳の教育（パイデイア；Paideia）が重視されていた。このようなギリシャの教育思想は，その後ローマ期以降においても反映されていく。

1 ギリシャの教育

（1）ソフィスト

　ソフィスト（ソピステース；sophistēs）とは，「知者・知恵のある者」を意味している。彼らは，善悪判断や紛争などにおいて，人々が納得できるような説得力のある見解を示す者であり，弁論の技術を持つ者こそが有徳の者であると主張し，それを教授していた。その代表者のひとりが，「人間は万物の尺度である」[1]という言葉を残したプロタゴラス（Protagoras; BC490頃-BC420頃）である。この言葉の意味は，「ある事柄を肯定しようと否定しようと，その基準は一人ひとりにあるのであって，事柄そのものには肯定も否定も存在しない」という，相対的な価値観（人間中心主義）を示している。そのため，善悪や紛争を解決するための価値判断は，「ピュシス（自然・生まれ）」ではなく，「ノモス（法・慣習）」にあるとし，民主政治が成熟期を迎えていたアテナイ市民の間で，処世術や立身出世のための道具として支持された。その結果，「出自や財産を問わずに社会的・政治的に活躍できる可能性は，とりわけ有意な若者たちの野心を煽りソフィストの教育へと走らせた。」[2]という。このような，社会的な成功と徳の獲得を同一視した教育によって，普遍的な真理や倫理への興味・関心が低下し，法や規範よりも，個人が自分の欲望を満たすために，自己中心的な行動に走る傾向が蔓延した。

（2） ソクラテス（Sôkratês, BC469-BC399）

ソクラテスは，石工（彫刻家）の父と産婆の母の家庭に生まれた。当時アテナイは，ペリクレスによる民主政治の全盛期だったが，ペロポネソス戦争（BC431-BC404）終結後は，衆愚政治へと転落していった時期でもある。ソクラテスは，「ソクラテス以上の賢者はひとりもいない」という，デルフォイの神託を受け，その意味を考えるために，ソフィストら賢者とよばれる人々との対話（問答）を試みた。

プラトンの対話編『プロタゴラス』によると，「徳とは何か」といったソクラテスの問いに対して，プロタゴラスは明確に答えることができなかったという。これは，ソフィストらが，徳について無知であることそのものを知らないにもかかわらず，人々に対して有償で徳を教えていることに対する矛盾を指摘したものである。ソクラテスは，**無知の知**（自覚）や**知徳合一**こそが真理を探求する土台であること，さらなる探求のためには対話（問答）が重要であることを主張した。この手法を助産術（産婆術；maieutike）とよぶ。また，このようなソクラテスの実践は，説得や知識の伝授を目的としたものではなく，自らを「ピロソポス（知を愛し求めるもの，哲学者）」とよび，あらゆる物事において，老若男女を問わず，徳による自己実現を求める魂の育成（パイデイア）を目的とした実践であり，多くの弟子たちに支持された。だが，「神々に対する不敬と，青年たちに害毒を与えた罪」で裁判にかけられ，死刑に処せられた（図5-1）[3]。

無知の知
　自分が知らないということを知っている，または自覚すること。

知徳合一
　徳について知り，自分の魂を善くしようと気遣うこと，魂への配慮。

図5-1　ソクラテスの死（Jacques-Louis David, 1787）

（3） プラトン（Plátōn, BC427-347）

プラトンは，アテナイ貴族階級出身であり，ソクラテスの弟子となり哲学を学んだ。ソクラテスの死後，イタリア・エジプトなどを遍歴後，アテナイ

郊外アカデメイアに独自の学園（Akadēmeíā）を創設した。

プラトンの『国家』第7巻には，いわゆる「洞窟の比喩」[4]と呼ばれる以下のような話が記されている。

> 人間は，手足を縛られ前方しか見えない仕方で洞窟の奥にとらわれている囚人のようなものである。彼ら囚人のはるか後方には火が燃えていて，火と囚人の間の高いところに，低い壁をしつらえた道がある。その道を，人びとが壁の上にさまざまな像を差し上げながら通り過ぎるが，振り返ることのできない囚人は，正面にある洞窟の壁に映る像の影しか見ることができない。それゆえ囚人は，実物ではなくその影を真実のものとして見なし，道を通り人びとの声も，影が発しているものだと考えている。さて，もし囚人らが解放され，火の光の方に向き直って実物を見るよう促されたとしたらどうか。彼らは目が眩んでただちに見ることはできないであろう。しかし彼らも，目が眩む辛さに挫折せず，時間を経て目が慣れたならば，真の実在を見ることができるであろう。

この比喩では，洞窟の中で手足を縛られ拘束されている人々は，壁に映し出された「影絵」を見て，それを「実在」だと思い込んでいる「無教育」状態である。そのような人々に対して，洞窟の外にある「実在（イデア；idea）」が見えるように導き，転向を促すこと，すでに内在している知へ学習者を促すこと（想起への促し）が「教育（パイデイア）」であるという。また，プラトンは，理想国家におけるカリキュラム（7歳頃からは体育，音楽，文芸を，その後は数論，幾何学，天文学，和声学，哲学など）を示し，それを**リュケイオン**において実践したといわれている。

（4）　アリストテレス（Aristotélēs, BC384-322）

アリストテレスは，当時マケドニアの支配下にあったスタゲイロスで生まれ，17歳の時にプラトンのアカデメイアに入学する。プラトンの死後，マケドニアの王子アレクサンドロスの師傅となった。その後，リュケイオンに独自の学園（Lykeion）を創設し，「近代科学の祖」とも言われた。また，「人間は社会的動物である」という有名な言葉を残している。

アリストテレスによると，「人は3つのものによって善くて有徳な者になる。その3つとは，生まれつきと，習慣（エトス）と，理性（ロゴス）である」[5]という。これは，ひとにはさまざまな可能性（素質）があり，それらは教育によって具現化できうるものの，素質は習慣によって善いものにも悪いものにもなりえるということを示している。そこで，理性に従って習慣づけることの重要性を指摘し，徳（善さ）は，知識を持っているだけではなく，それを実際に働かせて実践・経験することによって見出されるものであるとした。

リュケイオン
　古代ギリシャのアテネにあるアポロ・リュケイウス神殿近くの，城壁で囲まれたギムナジウム・庭園の名称。後にアリストテレスも，独自の学園を創設する。

2 ローマの教育

（1） ローマの建国から東西分裂

ローマは，BC753年頃，イタリア半島に誕生したといわれるひとつの都市国家（ポリス）であった。当初は異民族であるエトルリア人による王制であったが，それを不満とするローマ人貴族階級が中心となり，共和制になった。

一方，**ヘレニズム期**には，イタリア半島統一（BC272），ポエニ戦争（BC264-BC146）など，数々の対外紛争があり，平民階級（市民・農民）も軍事・政治に参加するようになった。しかし，国勢の拡大する反面，内政的には混乱が生じ，その結果，BC27年に共和制から帝政へと移行した。

その後，ローマ帝国は徐々に衰退し，最終的には**西ローマ帝国**と**東ローマ帝国**に分裂した。

（2） ヘレニズム期の教育

アレクサンドロスの東方遠征（BC334）以降，ギリシャ文化とオリエント文化が融合し，ギリシャ風の建築物や体育館，劇場，図書館などが地中海世界に広まった。この頃，政治的な牽引力はギリシャから共和制ローマに移行しつつあったが，それにともないアテナイにおける教育思想も，ローマに普及した。**エピクロス**（Epikouros）や，ストア派の**ゼノン**（Zeno）らは，その代表的な存在であった。

この時期の教育は，ギリシャの体系的な教育制度をほぼ踏襲し，読み書きを中心とした初等教育（7歳頃から），諸学の基礎を学ぶ中等教育，アカデメイアや修辞学校などの高等教育という教育制度が，地中海世界において共有され，それがローマにも継承された。また，人間教育を形成する諸学として「一般教養（エンキュクリオス・パイデイア；enkyklios paideia）」という概念が確立した時期でもある。これは，今日のリベラル・アーツ教育の語源でもある。その内容は，ギリシャ由来の「文法，弁証法（論理学），修辞学」の三学と，「算術，幾何学，天文学，音楽」の四科を中核とし，のちにローマから中世教会学校における「自由学芸七科（liberal arts）」として受け継がれていく。

ヘレニズム期は，都市国家（ポリス）から拡大した古代国家における世界的市民によって，ギリシャ期の教育の普遍化，人間一般の教育の普及を目指した時期でもあったといえるだろう。

ヘレニズム期
アレクサンドロス大王の死（紀元前323年）からプトレマイオス朝エジプトの滅亡（紀元前30年）までの約300年間を示す。

西ローマ帝国（395-476）
首都ローマ，ゲルマン民族の大移動の影響によって滅亡した。

東ローマ帝国（395-1453）
首都コンスタンティノープル，オスマントルコの侵入により滅亡した。

アレクサンドロスの東方遠征（BC334-BC324）
マケドニア王アレクサンドロスによる遠征。ペルシャ帝国を滅ぼし，エジプトからオリエント世界を支配した広大な帝国を築いた。一方，ギリシャ文化とオリエント文化の融合によりヘレニズム文化が生まれた。

エピクロス（BC341頃-BC270頃）
古代ギリシャの哲学者。現実の煩わしさから解放された状態を「快」とし，その追求を主張した。

ゼノン（BC335頃-BC263頃）
ストア哲学の創始者。哲学を自然学，論理学，倫理学に分類し，快や不快といった感情にとらわれなければ心の平穏が保てると主張した。

（3） ローマの教育

1）家庭教育から学校教育へ

　古代ローマにおける子どもの教育は，強大な父権と，尊厳のある母性によって営まれていたという。父母には子を教育する義務と責任があり，子どもが7歳になる頃までは，ローマ市民としての伝統的精神や，実生活上必要な知識，技術を教えていた。前期共和政期の終わりごろには，ルードゥス（ludus）とよばれる，読み・書き・計算を教える私立学校もあらわれたが，それはあくまでも家庭教育を補完する役割であった。

　やがて，ヘレニズム期になると，ギリシャ的な文化・教育・価値が普及するようになった。それにつれて，ギリシャ的なものにあこがれ，それを取り入れ学ぼうとする傾向が強くなった。裕福な家庭では家庭教師を雇い，文法・文学・弁論・修辞学などを，自分の子どもに学ばせていた。これは，共和制のローマにおいては，ソフィストが活躍したアテナイと同様，人びとを説得すること，そのための語り方を学び，スキルを習得することは，ローマ市民としての政治的・経済的な成功に結びついていたためであると考えられる。ギリシャ的な教育を積極的に取り入れ，学校が作られたといえる。とくに上級学校である文法学校，修辞学校は，共和制ローマの将来を担うリーダーを育成するための，公的な教育機関となっていった。

2）ローマの教育思想

　キケロ（Cicero; BC106-BC43）は，イタリアで生まれ，ローマでは弁護士・政治家であった。一方，文芸人でもあり，ギリシャ的教養とローマ的精神との融合をめざし，ラテン語による修辞学の普及に尽力した。

　クインティリアヌス（Quintilianus; BC35頃-AD96頃）は，イスパニアに生まれ，ローマでは弁護士・ラテン語修辞学教授であった。クインティリアヌスによると「弁論家になろうとする者は，善い人でなければならず」[6]とある。これは，子どもを「善く」しようとする明確な目的が教育にはあることを示している。

　ただし，この時代の「善い人＝弁論家」であり，ソクラテスやプラトンが「善さ」そのものを探求しようとした哲学的な姿勢とは，やや異なるだろう（第1章参照）。それは，共和政ローマにおける社会的・教育的な価値が，優れた弁論能力と技術を持つことにあったためである。

　このように，教育の目的や価値は，その時代における社会的な価値や政治・経済などを背景とし，場合によっては変わらざるを得ない側面がある。これは，現代にも通じる教育における不易と流行でもあり，次節以降のキリスト教世界から中世・近世においても考慮しなければならない点である。

3 ヨーロッパ中世から近世の教育

（1） キリスト教世界と教育

　キリスト教の起源は，イエスを救い主（キリスト）と信じるパレスチナのユダヤ人社会にある。キリスト教は，コンスタンティヌス１世による「ミラノ勅令（313年）」によって公認され，その後，テオドシウスⅠ世の勅命（329年）によって，帝政ローマの国教となった。

　一方，ゲルマン民族の大移動（375年〜約200年間）によって，帝政ローマは徐々に弱体化し，東西に分裂（395年）し，西ローマ帝国の滅亡（476年）以降，のちに西ヨーロッパにおけるキリスト教の守護者となるカール大帝の戴冠（800年）まで，西ローマでは社会的な混乱が続いた。このような状況において，救済を求める人々は，キリスト教を信仰することによって，心のよりどころを得ようとした。そして，各地で教会（中世教会学校）において，信仰と宣教のための教育が行われるようになった。その代表的なものが，司教座聖堂学校（Cathedral Schools）や，修道院学校（Monastic Schools）である。

　一方，ヘレニズム期以降の「自由学芸七科（liberal arts）：文法，弁証法（論理学），修辞学，算術，幾何学，天文学，音楽」は，中世教会学校においても引き継がれていた。それは，教会における儀式や行事が組織化されることによって，算術・天文学は教会暦の算出に欠かせないものとなり，音楽は儀式上必須となったためである。このような経緯をふまえて，のちに聖書をそのまま信仰するために，それを論理として体系化する必要が生じた。それが，スコラ哲学へと発展していくことになる。

　また，12世紀ごろからは封建領主の台頭による主従関係において，領主・領地を守るための騎士階級が出現した。そして，キリスト教におけるモラルや奉仕の精神，宮廷作法を重視した騎士道の教育が行われるようになった。

（2） スコラ哲学と教育

　スコラ（schola）とは，ラテン語で学校を意味し，中世ヨーロッパにおける教会や修道院附属学校，大学や教師における研究領域や方法のことを指す。主にキリスト教の教義（神学）を学ぶために，アリストテレス哲学を用いて理論化・体系化を図った。当時の人々にとっての信仰は「聖なる教え」であり，理性に勝ると考えられていた。スコラ哲学は，それを学問的に分析することによって，論理的形式の枠組みをつくり，体系化した。

　一般に，スコラ哲学を大成させたのは，トマス・アクィナス（Thomas

Aquinas, 1225 頃-1274）であるといわれている。彼の『神学大全』では，第1部で神とその創造の業（わざ）およびもろもろの被造物を考察し，第2部では，人間がどのように神への道をたどるかを論じた。そして，第3部では，神と人間を仲介するキリストを考察した。このようなスコラ哲学をふまえて，中世教会学校では，理性に基づく哲学の真理と，神の啓示に基づく信仰の真理を融合させた教育が行われるようになった。

（3）　ルネサンス・宗教改革期と教育

ルネサンス（Renaissance）とは，再生または復興を意味する言葉であり，14世紀から16世紀イタリアを発端として起こった，古代ギリシャ・ローマ時代を理想とする学問的・文化的な人文主義運動である。この背景にあるのは，フランク王国の崩壊にともなうヨーロッパ世界の分裂と，新たな封建領主・国家の台頭であった。また，十字軍の遠征（1096年〜1291年）にともなう技術革新と，商業都市の発達・興隆も影響を与えた。そのため，人々の関心は，キリスト教への信仰から，現世の肯定，人間性の解放，個性の尊重といった現実社会に移り，その影響は政治・社会・宗教など多方面におよんだ。一方，16世紀以降，ヨーロッパでは，1517年ルター（Luther; 1483-1546）による95か条の論題を契機としたカトリック教会の改革運動（宗教改革）が広がり，結果的にはカトリック，プロテスタントという，キリスト教の宗派分裂をもたらした。ルター以外に，この時期を代表する人文主義者・教育思想家には，**エラスムス**（Erasmus），**メランヒトン**（Melanchthon）がいる。

ルネサンスと宗教改革は，ヨーロッパ中世までの人間観，教育観の転換をもたらし，近代教育思想の基盤となった。一方，17世紀頃からは，自然科学における新しい発見や技術革新，近代的な哲学の方法論が展開し，これらの影響は教育思想にも波及した。その代表的な教育思想家のひとりが，コメニウスである。

エラスムス（1464-1536）
　ネーデルランド出身の人文主義者・神学者・哲学者。代表作に『痴愚神礼賛』

メランヒトン（1497-1560）
　ルター派の神学者，宗教改革者，人文主義者。プロテスタント教義の体系化に寄与した。

（4）　コメニウス（Comenius; 1592-1670）

コメニウスは，モラヴィアで生まれ，神学を学び，プロテスタントのモラヴィア教団の指導者であった。モラヴィア・ボヘミア地域は三十年戦争の影響もあり，教団は放浪を余儀なくされたという。コメニウスは，悲惨に充ちあふれた世の中を救済（善くする）するためには，まったく新しい発想と構想に基づいた学校教育の必要性を説いた。

『大教授学』では，「あらゆる人に，あらゆる事柄を教授する普遍的な技法を提示する大教授学（中略）男女両性の全青少年が，ひとりも無視されるこ

『大教授学』

45

となく（中略）現世と来世に属するあらゆる事柄を，僅かの労力で愉快に着実に教わることのできる学校の創設（中略）根本原理は，事物の自然そのものから導き出されており」[7]とある。これは，性別，貴賤を問わず「すべてのひとには教育が必要である」ことを示している。

コメニウスにとって，学校とは「人間を真の人間たらしめる必要なすべてのことを教える」場であり，『大教授学』には，すべての人に開かれた普遍的な学校の構想が著されている。そして，ひとの本性に生得的に内在している「学識（eruditio）・徳性（rirutus）・敬神（pietas）」の発達を促し，経験や観察，学習によって，これらが十分に発揮できるような教育のあり方，学校のあり方を提唱した。

『世界図絵』　また，世界で初めての絵や図解入りの教科書といわれている『**世界図絵**』は，コメニウスの事物主義・感覚主義・直観原則・合自然原則に基づいて，すべての人が読むことができ，わかるようにという意図のもとで作成された。これは，近代以降の教授・教育方法の基盤となる方法論でもあった。

コメニウスの教育思想は，その後，ロック，ルソー，ペスタロッチに代表される近代教育思想家の学習観にも多大なる影響を与えた（第6章参照）。その一方で，学校制度や教授法においても，重要な示唆を含んでいる。それを具現化・体系化したのが，ヘルバルトである（第7章1節参照）。

【引 用 文 献】

1）内山勝利編『ソクラテス以前哲学者断片集第V分冊，プロタゴラス断片1』岩波書店，2009年，DK801
2）納富信留『ソフィストとは誰か？』人文書院，2006年，p. 109
3）Jacques-Louis David, The Death of Socrates, Metropolitan Museum of Art, https://www.metmuseum.org/art/collection/search/436105（2017年11月1日閲覧）
4）プラトン「国家」514A-517A，藤澤令夫訳，田中美智太郎・藤澤令夫編『プラトン全集11』岩波書店，2005年
5）アリストテレス「政治学」，1332a40，牛田徳子訳『アリストテレスの政治学（西洋古典叢書）』京都大学学術出版会，2001年
6）クインティリアヌス，飯尾都人訳「弁論家の教育」村井実編著『原典による教育学の歩み』講談社，1974年，p. 59
7）コメニウス，鈴木秀勇訳『大教授学第1』明治図書出版，1962年，p. 13

お薦めの参考図書

① 沼野一男・松本憲・田中克佳・白石克己・米山光儀『新版教育の原理』学文社，1997年

② 山﨑英則・徳本達夫編著『西洋の教育の歴史と思想』ミネルヴァ書房，2001年

③ 谷澤伸・甚目孝三・柴田博・高橋和久『世界史図録ヒストリカ』山川出版，2010年

④ 小寺聡編『もういちど読む山川倫理』山川出版社，2011 年

⑤ 石村華代・軽部勝一郎編著『教育の歴史と思想』ミネルヴァ書房，2013 年

第6章 西洋の教育Ⅱ 近代と教育(18世紀を中心に)

 1 はじめに

　本章では近代教育の思想をとりあげるが，その現代的な意義は何だろうか。現在の日本において，人権，貧困，格差社会などの課題をめぐり国民の幸福と国の使命とは何か，教育の目的とは何かが問われている。実は，このような課題は近代以降の各国の共通した問いであった。

　イギリスでは17世紀後半の**名誉革命**により，君主の専制支配から議会制へと国の在り方が大きく変化した。そのなかで，社会の在り方，人間とは何かを問い，教育の可能性に着目したのが本章でとりあげる**ロック**（J. Locke）である。本国では1760年代に世界で初めて産業革命が起こり，世界の工場と言わしめるほどに経済的な発展を遂げ，経済的かつ時間的余裕のある中間層が出現した。彼らはロックなどの書物を通じて，社会の在り方や教育に関心を持つようになっていく。

　フランスではロックの影響を受けた啓蒙思想家たちが人間の権利とは何かを問い，国の果たすべき役割について考えるようになった。その一人がルソー（J. J. Rousseau）である。彼は『社会契約論』といった政治論にとどまらず教育についての書物を著し，世の中に教育の重要性を知らしめた。そして，1789年にフランス革命が起こり，大きな社会変革が起こる。

　このように，大きな時代の変化と共に，教育の機能・役割について思想家が書物を著すようになり，それを読んだ人々が子どもの教育に思いを巡らせるようになったのが近代である。そこで，本章ではロック，ルソー，そして彼らに影響を受けたペスタロッチを取り扱い，現代における教育について考えてみたい。

 2 近代教育の萌芽（ロックの思想と教育の可能性）

（1）可能性をもった子ども

　近代の教育観の特色として，子どもが教育の対象として捉えられたことが挙げられる。そこでまず，17世紀を代表するイギリスの思想家ロックをとりあげたい。ロックは著書『**人間知性論**』において人間の心を**白紙**（タブラ・

名誉革命
　1688から89年に起きたイギリスの革命である。これにより，権利章典が定められ，立憲君主制の基礎が確立した。

ロック（John Locke）
［1632～1704］
　政治思想では人民主権を主張し，アメリカの独立やフランス革命に影響を及ぼした。

『人間知性論』
　1689年。人間には生まれつき観念が備わっているという生得観念論を否定し，経験論を主張したもの。

白紙（タブラ・ラサ *tabula rasa*）説
　白紙に文字を印刷するように，子どもは教えられたことを吸収することができるという考え方である。

48

ラサ tabula rasa）ととらえ，人間は感覚を通した経験を積み重ねていくことによって，知性をみにつけることができるという経験論を主張した。彼は，人間を白紙とみなすことによって，子どもの無限の可能性を信じていたのである。

　また，ロックは著書『**教育に関する考察**』では第1章に「身体の健康について」を設定し，次のように述べる。

> 　教育で留意されねばならぬ重要なことは，どんな習慣をつけるかということです。そこで，習慣については，すべての他の事柄と同様に，貴下が永続きさせ，盛んに実行したいと思わないようなことを，新しく習慣にしてはいけません。自然の渇きが要求する以上には飲まないことが，健康と節制には適っています[1]。

　興味深いのは，彼は教育について述べる際にまず健康について論じることから始めていたことである。なんと，学習と勉強について論じたのは終章に近い第20章からである。それほどロックは子どもの生活習慣，子どもへの理解に重点を置いて教育を語っていた。なお，彼は学習についてつぎのように述べている。

> 　読み，書き，および学習は必要であることは認めますが，でも主たる仕事ではありません。（中略）それほど精神のよくない他の人びとにあっては，学識はその人たちをさらに愚かな人間，悪い人間にする役にしか立ちません[2]。

　このように，子どもたちが何の知識を学ぶのかではなく，どのような習慣を身につけ，経験をするのかが人間の教育には重要であるいう。そして，彼は人間の能力は血統によるものではなく教育によるものであると説き，教育の意義を力説した。

　本書は，イギリスの中間層を中心に育児マニュアルとして広まり，人々は子どもに対してどのような教育方法が適切なのかを考えるようになったのである。

（2）　18世紀の教育玩具の広まり

　ロックの思想により，18世紀の人々は，子どもに与えるモノについて，教育的な効果を求めるようになった。玩具の商業的な発達とともに，中間層の人々は子どもに玩具や本を買い与え始めたが，本来教育と玩具は切り離されて捉えられてきた。しかし，ロックの登場によって，人々は玩具や本を単なる子どもの娯楽としてではなく，教育玩具としてのまなざしを向けるようになった。すなわち，ロックが経験を重視していたように，人々は子どもに良

『教育に関する考察』
　1693年。人間の道徳性などは教育によると主張し，教育のもつ力を強調した。

い経験のできる玩具を買い与えるようになったのである。

現代の日本においても，教育玩具としてパズルやカード，タブレットなどが販売されており，教育現場においてもタブレット導入などが行われている。子どもたちに与えるモノにどのような教育的効果があるといえるのか，モノと教育の関係について，現代でも追究して考えてみることは重要であると考えられる。

3 ルソー

(1) 『エミール』に込めた願い

ルソー（J. J. Rousseau）はスイス出身の思想家であるが，フランス・パリで多くの知識人たちと交流し，活躍した人物である。著書『社会契約論』が日本を含め世界の政治思想に影響を与えたことは有名である。そして，彼は小説『エミール』を著し，子どもへの適切な教育について語っている。当時本書はベストセラーとなり，人々の間に教育熱が広まることになったといわれている。彼は本書の冒頭で次のように述べる。

> ひたすら公共の利益のためだけを目的として書いたと称する書物があれほど無数にあるのに，いちばんその公共のためになるもの，すなわち人間形成の技術はいまだおろそかにされたままだ。だからわたしの取り組んでいるテーマは，ロックの著書いらい，誰もほとんど手をつけていない[3]。

というように，彼は世の中の教育への関心の低さを憂い，ロックの次を担う思想家として，人間形成の技術，すなわち教育について述べるために『エミール』を書くことを決意したのである。ここで着目したいのは，政治や経済よりも教育こそが，多くの人々にとって最も意味があるものだと力強く訴えていることである。そして，彼はこうも説明している。

> たとえわたしの考え方がまちがっているとしても，これをきっかけにして，人々に正しい考え方が生まれてきさえすれば，私の仕事も時間を空費したことにはなるまい（中略）すでにおこなわれている教育の方法に反対を叫ぶ声だけはあるが，それをどう改善するかという実際的方法について思いきって提唱するのは誰ひとりいない[4]。

彼が『エミール』を執筆した理由は，正しい教育の在り方を自己主張するためではなく，人々に教育の方法を追究するように促すためであったことがわかる。そして，ルソーは正しくこどもの姿をとらえることに注意を払っており，そのことには自信を持っていた。

ルソー（Jean-Jacques Rousseau）
文明社会を批判して自然に帰れと主張，フランス革命などに大きな影響を与えた。

『エミール』
1762年。エミールという一人の男の子が誕生して結婚するまでを導く教師の姿が描かれている。

（2）子どもへの理解

以下は彼の著名な言葉であるが，子どもについて次のように語っている。

> 大人は子どもというものをまるで知らない。（中略）子どもたちが現在どんなことを学ぶことのできる状態にあるかということを考えてみようとしない。かれらは，子どものなかに，いちずに大人を求めていて，大人になる以前に，子どもがどんなものであるかを考えることを忘れている。この点こそ，わたしが最も心をうちこんでいた研究である。（中略）あなた方はまず，あなた方の生徒をもっとよく研究することからはじめなさい。

子ども
　子どもは未熟な大人ではないこと，子ども期そのものに意味があることをルソーは説いた。

当時の人々は子どもと大人が異なる存在であることにあまり注目していなかった。そこで，彼は世の中に子どもとは何かを訴えようとしたのである。

（3）消極的教育

ルソーは，著書『エミール』で子どもについて次のように語り，大人を強烈に非難している。

> 創造主の手から出るとき事物はなんでもよくできているのであるが，人間の手にわたるとなんでもだめになってしまう。（中略）人間は何ひとつ自然のつくったままにしておこうとはしない。人間自身さえそうなのだ。（中略）人間も乗馬のように別の人間の役に立つように仕込まずにはおかないのだ。

創造主
　神のことを指す。当時は政治経済などあらゆる学問に対するキリスト教の影響力は強かった。

ここでルソーは，子どもが誕生した時は自然に任せておけば善くなったのに，人間の誤った教育の方法によって，ゆがめられてしまうとし，**消極的教育**を提案している。彼は自然に任せて人間を育てる教育方法が子どもに適切だとし，子どもを社会からいったん切り離すように主張した。

また，『エミール』の内容構成は，現代でいうところの乳児期・幼児期・少年期・思春期・青年後期のように5段階に分かれており，各時期のエミールの様子と教師の様子が描かれている。発達段階に分けて子どもをとらえた書物は『エミール』が初めてであり，本書によって子どもには成長する過程があることを人々は驚きをもって知ったのである。

では，『エミール』の現代的な意義は何であろうか。日本では生涯学習社会の構築に向け，学校教育では大人になっても学び続ける人間を育てることが目指されている。ゆえに，教師は教育対象を学校種別ごとの姿に限定してとらえるのではなく，生涯にわたって成長していく子どもの姿をしっかり見据えることが重要であろう。我々は今こそ『エミール』を読み，子どもの一生について考えてみることが必要なのではないだろうか。

消極的教育
　大人があれやこれやと一方的に押し付ける（積極的教育）のではなく，子どもの主体性を大事にする教育のこと。自然に子ども自身が気づくまで待ってみるなどの行為を指す。

第2部　教育の思想と制度の歴史

4 ペスタロッチ

（1） 貧困の子どもと向き合う

スイス出身のペスタロッチ（J. H. Pestalozzi）はルソーの『エミール』に強く影響を受けているが，その思想を自ら実践したところに彼の特徴がある。とくに，彼の関心事は貧困であり，人々が経済苦からいかに脱出して幸福になれるのか，そのために教師には何ができるのかということに興味を持っていた。

では，なぜそのような関心を抱くようになったのだろうか。ここで彼の生き方を振り返ってみたい。ペスタロッチは，少年時代に牧師の祖父の活動に付き添い，農村での貧しい家庭への訪問や村民の相談受付や助言をする祖父の姿を見ていた。ペスタロッチは農民たちが搾取され，苦悩する姿に心を痛め，法律家を目指して大学に進学する。しかし，学生運動の責任を問われて中退せざるを得なくなり，彼は自力で民衆救済（施設設立）の道を探ることにした。というのも，当時，スイスには救貧施設はいくつもあったが，食物を提供する，慈善的な発想のものばかりであったからだ。そこで彼は，貧困者自身が自立し，生活できるような援助を行う施設を作ろうと考え，1769年にチューリヒ郊外に「ノイホーフ」（Neuhof）と呼ぶ農場を作り，貧民学校を設立した。その頃に彼が書いたものが『隠者の夕暮』と『リーンハルトとゲルトルート』である。『隠者の夕暮』の冒頭ではつぎのように述べられている。

> 玉座の上にあつても木の葉の屋根の蔭に住まつても同じ人間，その本質からみた人間，そも彼は何であるか。何故に賢者は人類の何ものなるかを吾等に語らぬのか，何故に気高い人たちは人類の何ものなるかを知らぬのか。農夫でさへ彼の牡牛を使役するからにはそれを知つてゐるではないか。牧者も彼の羊の性質を探求するではないか[5]。

ここでペスタロッチは，人間は貧富に関係なくみな平等であるとし，農家や牧畜家が取り扱う牛や羊のことをよく理解しているように，為政者は国民の状況に注意を払うべきであると主張している。そして，彼は「主人は婢僕の本性の要求を満足させる責めがある」とし，「国民を教化して彼の本質の浄福を悦楽するやうにするためにこそ，人民の長たる父がある」[6]とし，為政者は国民を幸福にする義務があり，教育を行うべきだという。

つまり，ペスタロッチは，国が貧困に苦しむ人にもっと目を向けて理解しようとする必要があること，そして彼らが幸福になれるように教育を行う義

ペスタロッチ
（Johann Heinrich Pestalozzi）[1746〜1827]
　教育実践家であり，思想家。フレーベルなどに強い影響を与えた。

『隠者の夕暮』
　1780年。人間とは何かについて考察した格言集。当時のヨーロッパにおいて『エミール』と共に広く読まれたという。

『リーンハルトとゲルトルート』
　1781-87年。ゲルトルートが自分の子どもに紡績，農芸，国語，算術などを教える様子を描いた小説である。

玉座
　王様の座る椅子のこと。直接的には為政者のことを指す。

52

第6章　西洋の教育Ⅱ　近代と教育（18世紀を中心に）

務があると考えていたのである。ペスタロッチは貧困問題を個人レベルの問題ではなく，国と民衆との関係性の問題でみていたとはいえ，教育にその解決の糸口を見出している。ここに，彼の視点の鋭さを感じることができる。だが，当時は彼の考え方に共感するものが少なく，ノイホーフでの農場経営や学校運営はたちゆかなくなり，閉鎖に追い込まれた。

（2）　生活が陶冶する

　ペスタロッチが農場運営の失敗で失意のうちにノイホーフを去ったのち，スイスではフランス革命の影響下で新政府が誕生した。新政府に賛同して商工業活動の自由，税制の改革を求める人々が声をあげたが，それを拒否する人々による反対運動も起こり，大規模な武力抗争が起こってしまう。

　その影響で，とくにスイスのシュタンツは甚大な被害を受け，大勢の死者，住宅の消失，果樹園の荒廃などの損害を被った。大勢の子どもたちは孤児となり，浮浪児となったものも多かった。

　新政府は孤児の救済に取り組み，孤児院をシュタンツに設立することを決定し，当時52歳であったペスタロッチに施設長兼教師を依頼することにした。大混乱に陥っているシュタンツで孤児院を開設することは，自らの命の危険を覚悟することを迫るものでもあった。ゆえに，彼の妻も友人も反対したが，ペスタロッチは民衆を救うために孤児院開設に協力し，教師になる道を選んだ。彼はシュタンツでの暮らしを著書『**シュタンツだより**』において，以下のように述べている。

> 　私は彼等と共に泣き，彼等と共に笑つた。彼等は世界も忘れ，シュタンツも忘れて，私と共にをり，私は彼等と共にをつた。彼等の食べ物は私の食べ物であり，彼等の飲み物は私の飲み物であつた。私は何ものも有たなかつた。（中略）私は彼等の真中にはいつて寝た。夜は私が一番後で床に就き，朝は一番早く起きた。私は彼等の寝つくまで床の中で彼等と共に祈つたり教へたりしたが，彼等はさうして貰ひたかつた[7]。

　このように，子どもたちと共に生活し，そのなかで教育を行っていたことがわかる。なお，ペスタロッチがシュタンツで共同生活を重視した背景には，「**生活が陶冶する**」という考えがあったからである。彼は子どもの日常に教師が入り込み，子どものふとした疑問に答えることで教育が成立すると考えていた。

　シュタンツの孤児院では設備もスタッフも不十分ななかで，入所の子どもたちが80名まで膨らんでいった。かなり過酷な環境であったが，ペスタロッチは自分の寝室も彼らに提供し，教育の力を信じてさまざまな厳しい環境

『シュタンツだより』
　1799年。シュタンツの孤児院での教育実践の記録。そこにはペスタロッチの抱えた教師としての苦悩や喜びが細やかに描かれている。

「生活が陶冶する」
　この言葉をペスタロッチが直接的に語ったのは著書『白鳥の歌』においてである。
　なお，陶冶とは教育のことを指す。生活が陶冶するとは，生活そのものを重視することに教育的な意味があるという思想である。

第2部　教育の思想と制度の歴史

下で育った子どもに正面から向き合ったのである。だが、政府の決定でシュタンツもまた閉鎖することになり、わずか半年で孤児院は終わってしまった。

（3）　子どもにわかりやすく教えたい――直観教授――

> **直観教授**
> 言葉や文字によるではなく、絵や標本などを直接提示することで学ばせる教育を指す。

シュタンツでの暮らしは非常に短期間であったが、ペスタロッチは**直観教授**の教育方法を開発していた。彼が対象とした貧しい子どもたちには細やかな配慮が必要であり、子どもの学ぶ意欲を維持することが急務であった。そこで彼は授業方法を考え、平易なものから困難なものへと学習内容を用意し、子どもの理解力に応じ、時には同じペースで、時には刺激を与えていくことが大事だと考えるようになった。なかでも、子ども自身から学びたいと思うように教師は働きかけるべきであると考えた。

> **「数」（Zahl）**
> **「形」（Form）**
> **「語」（Sprache）**
> ペスタロッチはこれを直観のABCと名付けた。詳細な中身については著書『ゲルトルート児童教育法』に詳しい。

そこで、彼は子どもたちが基礎的に獲得すべきものを**「数」（Zahl）**、**「形」（Form）**、**「語」（Sprache）**の3要素に絞った。ペスタロッチは数が子どもの精神的推理力を発達させると考え、その教授法を考案した。その方法とは、まず、教師は子どもに豆や石を使って1から10の数字を感覚的に教えることである。そして、教師はカードを用いて一枚が二枚になる様子について、子どもに作業をさせながら考えさせ、足し算と掛け算の概念を学びとらせる。つぎに、教師は数的理解をもとに形を教える。たとえば図画で図形を見せ、その長さや角度を測るように伝え、子どもが正しく形を描けるように導くのである。

この図画の技術をもとに、教師は語（書き方）を一つの形として教える。教師は子どもに字の形を把握させ、次に文字を正しく書けるように指導を行う。

こうして、ペスタロッチは子どもに無理のないように段階を追って、学びを提示することを教育実践の中で考案したのである。このように、学びのステップを設ける考え方は、現代の「学習指導要領」に通じるものをみることができる。では、教師を目指す我々は、ペスタロッチほどに目の前の子どもたちと向き合い、学習意欲を高めることにどこまで意を注いでいるのだろうか。そのことをペスタロッチは問いかけているように思われる。

5　近代教育思想の発展

本章では、ロック、ルソー、ペスタロッチと教育思想をとりあげてきたが、彼らの思想は、その後どのように継承されていったのか、最後に述べておきたい。

フランスではルソーに影響を受けたコンドルセが公教育制度の成立へと導く。コンドルセは国には国民のために教育の機会を与える責任があり，宗教的介入を行う権利は持たないとした。

ドイツではペスタロッチに影響を受けたヘルバルトが初めて学問としての教育学を19世紀に誕生させ，教育方法を具体的に発案した。また，フレーベルもペスタロッチの影響を受け，世界で初めての幼稚園を設立し，直観教授に基づく遊具（**恩物**）の開発を行い，幼児教育の方法を考案した。

恩物

このように，子どもの立場に立って考えるという，近代の教育思想が公教育の制度，科学的な学問としての教育学，幼児教育機関を次々と誕生させたといえる。

では，現代の教育はどうだろうか。本章でとりあげた思想家・教育実践家のように，我々は教育についてどこまで思いを巡らせているのだろうか。教育の効果は目に見えないことが多い。正しい教育とは何なのか，実感することは難しい。だからこそ，目先の事象に囚われるのではなく，さまざまな思想家に学び，現代の教育を見つめなおし，子どもの未来を考える意義は大きいのではないだろうか。

【引 用 文 献】

1）J・ロック，服部知文訳『教育に関する考察』岩波書店，2007年，p.33
2）同書，p.237
3）J・J・ルソー著，永杉喜輔他訳『エミール』玉川大学出版部，1996年，pp.7-8
4）同書，p.7
5）J・H・ペスタロッチ，長田新訳『隠者の夕暮・シュタンツだより』岩波書店，1980年，p.5
6）同書，p.30
7）同書，p.56

お 薦 め の 参 考 図 書

① アニタ・ショルシュ，北本正章訳『絵でよむ子どもの社会史──ヨーロッパとアメリカ・中世から近代へ』新曜社，1992年

② 梅根悟『ルソー「エミール」入門』明治図書出版，1986年

③ 長尾十三二・福田弘『ペスタロッチ新装版』清水書院，2014年

④ 堀尾輝久『現代教育の思想と構造──国民の教育権と教育の自由の確立のために』岩波書店，1971年

⑤ 江藤恭二監修，篠田弘・鈴木正幸・加藤詔士・吉川卓治編『新版 子どもの教育の歴史──その生活と社会背景をみつめて』名古屋大学出版会，2008年

第7章 西洋の教育Ⅲ（近代教育学の確立から未来に向けて）

本章では，ヨーロッパ近代以降における教育の体系化，教育科学の発展，公教育制度の成立と展開に影響を与えた教育思想について説明する。そして，現代から未来に向けて，改めて教育の意義と役割について考えてみたい。

1 近代教育学の確立

（1） カント（Kant, 1724-1804）

カントは，東プロイセンに生まれ，母校ケーニヒスベルク大学の教授となり，教育学の講義も行っていた。また，**汎愛派**を支持し，ルソーの『エミール』を愛読していたことも有名な話である。

カントの哲学は，いわゆる超越論哲学（批判哲学）であり，**三大批判書**を著した。これは，従来の哲学の手法ではなく，「**悟性**や**理性**の認識能力と実践能力そのものを批判的に吟味する哲学」であり，「概念による客観的認識や道徳的行為を規定する普遍妥当的命法（定言命法）を成り立たせる，純粋悟性や純粋理性の働きそのものを自己解剖する哲学」[1]である。そして，『教育学』序論では，「人間とは教育されなければならない唯一の被造物」であると述べ，『実践理性批判』[2]では以下のように問題提起している。

> 教育の最も重要な問題のひとつは，法的強制に服従することと自己自身の自由を使用する能力とをいかにして統合できるかということである。というのも，強制は必要不可欠であるからだ。私は強制があるにもかかわらず自由を使用する能力をどのように開発していくことができるのだろうか。

この意味は，子どもの内にある「自然的自由（生得的な自発性）」に子ども自身が気づき，考え，それを使用する能力を育むためには，ある程度の「強制」が必要だということである。そして，子どもの発達段階に応じた教育計画と教授方法を示すことによって，「道徳的自由（自己制御的な意思）」を育むことが，子どもの自己形成においては不可欠であり，教育の目的が，子どものより善い将来を見据えたものであることを示している。

汎愛派
ドイツの教育思想家バセドゥが創設した汎愛学院（Philanthropin）を中心に教育活動を行っていたグループ。ルソーの自然主義に基づき，子どもの発達段階と生活経験に基づく教授活動を重視した。

三大批判書
カントの主著である『純粋理性批判』，『実践理性批判』，『判断力批判』の3冊を総括した名称。

悟性
対象を論理的に理解する能力のこと。カントによると，感覚に基づいて対象を概念化するや判断力をいう。

理性
善悪や真偽などを正当に判断し，道徳性や義務について意識化する能力のこと。カントは，悟性の概念作用を原理的に統一・制御・体系化する無制約の認識能力とした。

（2） ヘルバルト（Herbart, 1776-1841）

　ヘルバルトは，北ドイツのオイデンブルクに生まれた。そして，イエナ大学でフィヒテに哲学を学び，スイスの貴族シュタイゲル家子弟の家庭教師，ゲッティンゲン大学講師などを経て，1809年には，ケーニヒスベルク大学で哲学・教育学を担当した。ペスタロッチの教育思想を継承し，近代教育学を体系化した。

　『教育学講義綱要』によると，「科学としての教育学は，実践哲学と心理学に依存する。前者は陶冶の目的を示し，後者はその道と危機を示す」[3]とあり，教育の目的を倫理学に，方法を心理学にわけて体系化を図った。ヘルバルトは，「強固な道徳的性格の形成」および「教育の目的を，内的自由，完全性，正義，公正そして好意（自他の意志の一致）の5つの理念を体現した状態へと人びとを形成すること」[4]を教育の目的とし，これを「道徳的品性の陶冶」とよんだ。ここでいう道徳性とは，物事の善悪判断や規律を理解し自律的な社会生活を営むことだけではなく，美的感覚の洗練や教授方法なども含まれた広義なものである。

　ヘルバルトは，どうすれば子どもが自発的に道徳的で自由な存在となるか，そのためには，教師はどのように子どもを育み導くべきなのか，といった教育技術や方法（教育的タクト）と，学問としての教育学を探求し，それを体系化・理論化した。『一般教育学』は，これから教育に携わろうとする者のために著された，実践を準備するための理論的指標である。それは，「管理，訓練，教授」の3つの領域に現れている[5]。「管理」とは，「平静と秩序を維持することや，教師を無視しているようなあらゆる兆候を除去すること」であるという一方で，「管理は子どもの心情に関して達成すべき目的を全くもっていない。それは，ただ秩序を作り出そうとする」実践開始前の準備や構えの段階である。それが整った上で行われる実践が「訓練」と「教授」である。「訓練」とは，「生徒は，道徳的に正しい気分で歩んでいかなければならない。生徒にとって，この気分が習慣となっていかなければならない。そのためには訓練が必要である」とある通り，子どもを道徳化するという意図で，賞罰を用いた，子どもの心情への直接的な働きかけである。一方，「教授」とは，「人間は経験を通して認識に，交際を通して同情に達する。（中略）前者においても後者においても，教授による拡充が，同様に迎え入れられなければならない。」とある通り，教材や教具を媒介とした間接的な働きかけであり，その結果，「経験と交際の拡充」となる。

　この「教授」を進めるにあたって，興味の多面化と統一化の方法として「専心・致思」の2段階に区分した。「専心」とは，一定の対象に没入し，他

フィヒテ（1762-1814）
　ドイツの観念論哲学者，ベルリン大学初代総長。カント哲学を統一的体系として再構築し，「独自の哲学的実践論を構想した。ベルリンでの『ドイツ国民に告ぐ』（1808）では，ドイツの民族独立と文化の再建を説いた。

第2部　教育の思想と制度の歴史

の対象を意識の外へ排除していく状態のことであり，「致思」とは，専心で得られた表象を相互に関連づける精神的な働きである。これをさらに「明瞭・連合・系統・方法」の4つの段階に区分したことから，4段階教授法とよばれる。以上をまとめると，表7-1のようになる。

表7-1　ヘルバルトの4段階教授法 （ヘルバルト（1787）を基に著者作成）

教授	専心	明瞭	対象・表象を正確にとらえ認識すること，
		連合	明瞭にとらえられた対象・表象を他の対象・表象と結びつける
	致思	系統	結びつけらけた複数の対象・表象を論理的に意味のあるように系統化する
		方法	系統化された対象・表象を現実へと適応し，新たなものへと応用する

　ヘルバルトの理論は，後の哲学，心理学，美学などさまざまな分野に多大なる影響を与えた。教育学においては，ヘルバルト学派を形成し，さらに発展した。その代表が，**ツィラー**（Ziller）の形式段階説（分析・総合・連合・系統・方法）と，**ライン**（Rein）の形式段階説（予備・提示・比較・総括・応用）である。ヘルバルト学派の思想は，近代日本の教育に対しても多大なる影響を与えた。

（3）　フレーベル（Fröbel, 1782-1852）

　フレーベルは，ドイツ中部チューリンゲンに生まれ，イエナ大学で哲学を学んだ。そして，ペスタロッチが開設したイヴェルドン学園を訪れ，多くの実践的教育方法に接した。そして，1816年に，テューリンゲンのグリースハイムに自らの学校を開いた。翌年，この学校はカイルハウに移され，「一般ドイツ学園（カイルハウ学園）」と改称された。ここは，成人25名，子ども16名が参加し，家族的雰囲気の中で活動する教育協同体であった。教育課程は宗教，読み・書き・計算，図画，ドイツ語，ギリシャ語，数学，理科，地理，音楽，体育であったという。

　この時期に著わされた，『人間の教育』[6]の冒頭には，以下のように記されている。

> すべてのもののなかに，永遠の法則が，宿り，働き，かつ支配している。この原則は，外なるもの，すなわち自然の中のものにも，内なるもの，すなわち精神の中にも，自然と精神を統一するもの，すなわち生命の中にも，常に同様に明瞭に，かつ判明に現れてきたし，またげんに現れている。

　フレーベルは，自然と精神（生命）を統一するものは神であり，神は万有に存在しその影響は万有におよぶという，万有在神論の立場であった。これを象徴したものが球体であり，万有に内在する神的なものに憧れ，その本性

ツィラー（1817-1882）

ドイツの教育学者。ヘルバルト学派の中核的存在であり，『教育的教授論』では，ヘルバルトの理論を実際の学校教育に適用するために，形式段階説（5段階教授法）を示した。

ライン（1847-1929）

ツィラーとともに，ヘルバルト学派を代表するドイツの教育学者。イエナ大学の実験学校，教員養成や市民活動にもかかわりながら独自の形式段階説（5段階教授法）を示した。

を展開・表現することが使命であると考えた。そして,「人間における表現や実施に関連づけられた知識」が教育学であり,「人間を,自己の職分の自覚と,自己の使命の達成に導いてゆくための処方」を教育論とした。

フレーベルの教育観は,独自の宗教観と密接につながりながら,「教育の使命は,子どもの内的本性に従い,それを損なわないよう,しかもそれぞれの仕方で十分展開させること」であり,「教育行為は命令的ではなく追随的であるべきである」と主張している。そして,「自然＝本性」から要請される必然性と,「承認を受けた模範」に基づく「剪定（強制）」を認めている。これは,ルソーの消極主義教育とは異なり,子どもの自由への意思や遊び活動の前提には,大人からの働きかけが必要であるということを示している。そこで,1837年にはバート・ブランケンブルの「幼児と青少年の作業衝動を育成するための施設」にて,独自遊具（**恩物**）の開発と普及活動を始め,1840年「一般ドイツ幼稚園（Der Allgemeine Deutsche Kindergarten）」を開園した。

恩物

フレーベルの「恩物（Fröbelgaben）」は,子どもが遊びの中から自分の本性を見出すための道具として開発されたものであり,第1恩物（球体）から第6恩物（積み木）までを,フレーベル自身が考案したとされている（図7-1）。その後,フレーベルの後継者たちによって,立体から面・線・点を活用し現在では第10恩物まで構成されている。

第1恩物（球体）

第2恩物（三体）

第3恩物（立方体積木）

第4恩物（直方体積木）

第5恩物（立方体と三角柱積木）

図7-1　フレーベルの恩物[7]

フレーベルが最も重視したのは,「生の表現たる自然と世界を,ただ感覚的に,ただ悟性的にとらえるだけでなく,何かより高次なものを指し示す〔象徴〕と見る能力を育むこと」[8]である。これは,後にピアジェが示す,子どもの認識発達における象徴機能の発生論とも合致する。このような教育観の背景には,ロマン主義特有の,ロマンチックなものやファンタジーの世界

への憧れがあったのかもしれない。

2 新教育運動における教育思想

新教育運動とは，19世紀末に公教育制度（パブリック・スクール）が成立する一方で，世界各国で起こった教育改革運動である。これらの共通点は，ルソーやペスタロッチ，フレーベルらの教育思想を継承・発展である。**エレン・ケイ**（Ellen Key）は，ルソー的な自然主義的な教育観から「やがて20世紀は子どもの世紀となるであろう。」という一文で有名な『児童の世紀』を著した。

また，子どもの自主的・主体性を尊重する独自の教育実践が，世界各地で展開された。その代表的なものには，イギリスの**セシル・レディ**（Cecil Reddie）のアボッツホーム，フランスにおける**ドモラン**（Demolins）のロッシュの学校や**フレネ**（Freinet）の学校，ドイツでは**リーツ**（Lietz）の田園教育塾における実践などがある。また，**シュタイナー**（R. Steiner），**キルパトリック**（W. Kilpatrick），**パーカースト**（H. Parkhurst）などが，独自のカリキュラム・メソッドを開発し，日本の新教育運動にも影響を与えた。

とりわけ，19世紀後半から現在までの教育思想の基盤となったと考えられる，デューイとモンテッソーリについて，以下説明する。

（1） デューイ（J. Dewey, 1859-1952）

デューイは，ヴァーモント州バーリントンで生まれ，バーモント大学卒業後数年の教員生活を経て，ジョンズ・ホプキンス大学大学院を修了，ミシガン大学に勤務する。当初はドイツ観念哲学の研究や心理学を研究していたが，ミードやジェイムスの影響を受け，シカゴ大学哲学科の教授となり，実験学校（Laboratory School；後のシカゴ大学附属実験学校）を設置する。

近代以降のヘルバルト主義に代表される伝統的・陶冶的な教育観においては，子どもの生活経験とカリキュラムは必ずしも一致するものではなく，むしろ対立的なものと捉えられがちであった。デューイはこれを是正し，カリキュラムは，子どもとの生活経験を意味づけるものとして編成されるべきものであると主張した。この実践におけるカリキュラムについて，次のように述べている[9]。

> 教科は，子どもの経験の外側にあり，固定的でそれ自体が既成のものであるとみなす観念を放棄しよう。子どもの経験もまた，何か硬直し固定したものとして

エレン・ケイ（1849-1926）
スウェーデンのスモーランド州で生まれ，名門の裕福な家庭で育った。『児童の世紀』では，子どもが幸せに育つことのできる平和な社会を築くことが大人の責務であり，子どもの権利の保障，近代公教育制度のあり方について示唆した。

セシル・レディ（1858-1932）
イギリスにおける最初の田園教育舎であるアボッツホーム学校を創立し，その後の新教育運動に大きな影響をもたらした。

ドモラン（1852-1907）
フランスの社会学者，教育学者。教育制度が守旧的，非実際的であり，体育，運動を軽視していることなどを批判し，それを克服するためにロッシュの学校を設立し，理想的教育論を展開した。

フレネ（1896-1966）
フランスの教育学者。学校主導型の伝統的な教育を批判し生徒自身で学校運営を組織する学校協同組合の導入と，それによる自主カリキュラム，自由テキスト，自由選択制による個別学習による教育を目指した。

第7章 西洋の教育Ⅲ（近代教育学の確立から未来に向けて）

考えるようなことはやめよう。そして，子どもの経験を何か流動的なもので萌芽的で生命のあるものとして考えてみよう。そこで私たちは，子どもとカリキュラムが，単一のプロセスを決定づける二つの区域であることを認識するのである。一つの直線の中に二つの点があるのと同時に，現在の子どもの立場と教科の事実と真実とが，教育する事の範囲を限定するのである。それは，子どもの現在の経験から出て，私たちが教科と呼ぶ，あの真理の組織体によって象徴的に表現された経験へと入りこんでいくという意味において不断の再構成ということができる。

その後，1904年には，コロンビア大学へと移り，闊達な著述活動と国内外各地における講演活動を行った。デューイは，アメリカの進歩主義教育を代表する教育哲学者であり，**プラグマティズム**（pragmatism；実用主義・道具主義）を大成したといわれている。デューイは，プラグマティズムの創始者であるパース（Peirce）やジェームズ（1842-1910）の思想をふまえて，科学的知識や道徳に関する知識は，問題解決のための道具であるという「道具主義」を確立した。

そして，「教育とは，経験の意味を増加させ，その後の経験の進路を方向づける能力を増大させるように経験の再構成ないし再組織すること」であり，「子どもが太陽となり，その周囲を教育の諸々の営みが回転する。」[10]という，児童中心主義による公教育カリキュラムの必要性を唱えた。また，「民主主義と教育の関係は，互恵的で相互的なものであることは明白である。民主主義はそれ自体教育の原理であり，教育の方針であり，政策なのである」[11]とし，民主主義に根差した学びの創出とそのためのカリキュラムを探究し続けた。

このようなデューイの教育思想は，当時のアメリカにおける進歩主義教育を象徴するものであった。しかし，1930年代以降は，アメリカ国内外の政治・経済・外交が混乱した時期であり，リベラリズムそのものが批判され，民主主義そのものが危機に陥った。そのため，進歩主義教育の理念は頓挫せざるを得なかったが，第二次世界大戦終結後，プラグマティズムやデューイの教育思想は再評価された。このようなデューイの教育思想は，日本の戦後民主主義教育においても，多大なる影響を与えた。

（2） モンテッソーリ（M. Montessori, 1870-1952）

モンテッソーリはイタリアマルケ州に生まれ，女性として初めてローマ大学医学部に入学し，医学博士号を修得した。その後，精神科病棟に勤務し，知的障がいを持つ子どもの観察し，感覚刺激や手指を動かす作業（感覚教育法）が，障がいを持つ子どもの発達的支援の方略となり得ることを見出した。

リーツ（1868-1919）
セシル・レディのアボッツホーム学校に勤務後ドイツに帰国し，1898年イルゼンブルクにドイツ最初の田園家塾を創立し，体育と作業と勉学を中心とする全人教育を行った。

シュタイナー
（1861-1925）
キルパトリック
（1871-1965）
パーカースト
（1887-1973）

プラグマティズム
アメリカの哲学者パース（1839-1914）やジェームズ（James）によって提唱された哲学・教育思想的運動。語源はギリシャ語（prāgma；行為，実行）で，思考の意味や真偽を行動や生起した事象の成果により決定しようとする考え方全般のことを指す。

第2部　教育の思想と制度の歴史

ロンブローゾ (1835-1909)
イタリアの精神科医, 犯罪人類学の創始者。

その後, 健常の子どもにも援用可能な独自教材・教具の開発研究を進めると同時に, **ロンブローゾ**（Lombroso）などから身体人類学や観察法について学んだという。そして, 1907年にローマ大学近隣のサン・ロレンツォに「子どもの家（Casa dei Bambini）」を開設, 翌年にはミラノにも開設した。これが, 現在モンテッソーリ教育法といわれ, 現在その理念と方法を活かした保育実践が世界各地で行われている。

モンテッソーリの教育理念には, どのような特性を持った子どもであっても, その子どものニーズに合致した方法と教材・教具を用いた支援と適切な環境構成によって, 個々の子どもの発達を促進する可能性があるというものである。モンテッソーリ教育の目的は, 「正常化」であり, そのためには子どもの「仕事」を重視した。「正常化」とは, 「『異常』を排除し, 『逸脱』を矯正するだけではなく『健康』を保持し, さらに人格としての成熟への過程を含みこんだ過程として解釈しうる」[12]ものであり, 「仕事」とは, ただ遊ぶということではなく, 子ども自身が自分の自己形成のために五感を働かせながら日常的に活動する（訓練する）ことである。

モンテッソーリ教育法は, 子どもの個体差に着目した, 当時としては極めて斬新な方法論であったことから世界各地に普及し, 同時代の発達心理学の知見にも少なからず影響を与えたものと考えられる。

3 現代から未来に向けての教育思想（生涯教育を見据えて）

本節では, 20世紀以降を現代ととらえた上で, 現代から未来に向けての教育思想の展開について整理する。

世界各国において, 近代公教育制度が整い, 教育における学校の目的・目標や役割は, 社会的に重視されるようになっていった。その一方で, プラグマティズムに代表されるような, それまでの歴史的な教育哲学や方法論に対する批判や改善の動きがあり, それが新教育運動となった。しかし, 政治的・経済的な混乱や利害関係の対立から世界規模の紛争が各地で頻発し, 第一次世界大戦（1914〜1918年）, 第二次世界大戦（1939〜1945年）へと発展したため, 新教育運動は頓挫した。その後, 東西冷戦期（1947〜1989年）においても規模は縮小したものの, 民族間の自主独立や自治を求めた国家間, 民族・宗教間紛争は, より複雑化・長期化し, 世界のいたるところで頻発しながら今日に至っている。

このような社会・政治的状況をふまえながら, 教育の世界では科学技術・宇宙開発競争の機運が高まった。1957年ソビエトによる人工衛星スプ

第7章　西洋の教育Ⅲ（近代教育学の確立から未来に向けて）

ートニックの打ち上げ成功（スプートニック・ショック）によって，国家間の技術開発競争はますます激しくなり，それがアメリカをはじめ，各国の公教育制度やカリキュラムのあり方に多大なる影響を与えることになった。

その結果，教育の目的や公教育のカリキュラムの中に，成果主義的な競争原理が加味され，国家的な利益を得るためのプロジェクトとして，教育が政治的に利用されやすい状況が生まれた。つまり，教育の目標が，国家によって管理される傾向が，より強くなったといえるだろう。もちろん，古代ギリシャ・ローマ期おいても，国家（ポリス）の安定のために，教育の目的やカリキュラムの枠組みが作られてきたという経緯がある（第1章参照）。しかし，それらはあくまでも外敵の侵入を防ぎ，自国基盤を安定させるためのものであり，教育の本質は，あくまでも「ひと」としての徳や善さの探求であった。

現代の公教育においても，子どもが社会の中でより善く生きていくための知識や技能の習得や人格の完成を目指すことには変わりがない。しかし，冷戦期以降，急速に情報化・国際化・複雑化した社会においては，教育の目的そのものが複雑化しつつあり，場合によっては見失われかねない状況にもなりつつある。

では，このような時代における教育とは，どのようなものなのか。また，これから未来に向けて，教育が果たすべき役割と，目指すべき方向性とはどのようなものなのか。これらの問いを念頭にふまえつつ，以下では20世紀から21世紀を代表する教育思想について説明する。

（1）　ブルーナー（J. S. Bruner, 1915-2016）

ブルーナーは，ニューヨークで生まれ，ハーバード大学で心理学を学び，オックスフォード大学，ニューヨーク大学を歴任した，現代を代表する発達・教育心理学者のひとりである。また，ひとの行動を「刺激に対する反応」として定式化する当時の行動主義心理学を批判し，ひとの認知活動および学習を重視する認知主義（認知革命）を主張した。ブルーナーは，スプートニック・ショックを受けて，1959年9月ケープ・コッドのウッズ・ホールで開催された会議の議長を務めた。この記録を基にまとめられたものが，『教育の過程』[13]である。以下，その代表的な部分を紹介する。

> 「教科の構造を強調するよい教育は，才能にめぐまれた生徒よりも，あまり有能でない生徒にとってこそ価値があるのではないだろうか。なぜなら，下手な教育をうけて，いともあっさりと軌道から放り出されてしまうのは前者ではなくて後者であるからである。」
> 「重要な要素は，発見をうながす興奮の感覚であるように思われる。ここで発見

第2部　教育の思想と制度の歴史

というのは，以前には気づかれなかった諸関係のもつ規則正しさと，諸観念の間の類似性を発見するということであり，その結果，自分の能力に自信をもつにいたるのである。科学や数学の教育課程を研究してきたいろいろなひとびとは，生徒が独力で発見する力がつくように導いてゆく胸をわくわくさせる順序で教えることによって，学問の基本的構造を生徒に提示することが可能であると主張している。」

「直観的思考をするには，それに関連している知識領域とその知識の構造に精通していることが必要であるが，そうすることによって，思考しているひとは段階をとびこえ近道をしながら自在に進むことができるのである。だがそれには，演繹的であろうと帰納的であろうと，もっと分析的な手段によって結論をあとでふたたび照合する必要がある。」

「学習のための動機づけは，あらゆるひとを観覧者にしてしまう時代にあってなお受動的にしないようにしなければならないし，またできるだけ学習することそれ自体に対する興味の喚起にもとづくのでなければならない。そしてまたそれらの動機づけの表現は幅広く，多様でなければならない。成績第一主義と新しい形の競争主義の危険信号がすでに出されている。」

　ブルーナーは，学習内容（カリキュラム）の「構造」を理解することによって，「どの教科でも，知的性格をそのままにたもって，発達のどの段階のどの子どもにも効果的に教えることができる（p. 42）」という。そして，「諸観念の間の類似性を発見する」体験によって，子ども自身が学習そのものの楽しさに気づき，動機づけられ，自発的に知識を体系化・構造化すること，新たな学習の転移が可能になると述べている。また，物事のつながりや構造を直観的に見抜き，既有知識と関連づけながら，絶えず分析し，検証する必要があるという。また，動機づけについても，教育の本質は，わかる楽しさを体感することであることを示唆している一方で，教育が過度な競争主義に陥る可能性を危惧している。

発見学習

仮説実験授業

　このようなブルーナーの理論は，**発見学習**とよばれ，日本の教育課程に対しても多大なる影響を与え，「**仮説実験授業**」などへと発展した。

（2）　ラングラン（P. Lengrand, 1910-2003）

　ラングランは，フランス北部パ・ド・カレーに生まれ，ソルボンヌ大学を卒業後，グレノーブルで教師となった。28歳の時に第二次世界大戦が勃発し，レジスタンス運動にも参加するが，社会を変えるためには教育が重要であると考え，1948年からユネスコの職員となった。そして，1965年に「エデュカシオン・ペルマナント（Éducation permanente）」と題するワーキングペーパーを作成し，第3回成人教育推進国際委員会で発表した。

　このワーキングペーパーは，成人教育から生涯教育への転換を提唱したも

のであり，生涯教育について，以下5つの目標が掲げられていた[14]。

> ① 人の誕生から死に至るまでの人間の一生を通じて教育（学習）の機会を提供する。
> ② 人間発達の総合的な統一性という視点から，さまざまな教育を調和させ，統合したものにする。
> ③ 労働日の調整，教育休暇，文化休暇等の措置を促進する。
> ④ 小・中・高・大学とも地域社会学校としての役割，地域文化センターとしての役割を果たすように勧奨する。
> ⑤ 従来の教育についての考え方を根本的に改め，教育本来の姿に戻すため，この理念の浸透に努める。

「エデュカシオン・ペルマナント」は，英語では「Lifelong education」，日本語では「恒久教育・生涯教育」などと訳されている。これは，ひとの学習は学齢期のみに限定されるものではないこと，学習するための場や機会を，社会的に整備することが求められていたためである。

日本においても，中央教育審議会答申「生涯教育について（1981年）」では，学習者自らが学習する意欲と能力を養い，社会のさまざまな教育機能を相互の関連性を考慮しつつ総合的に整備・充実しようとすること，国民一人ひとりが充実した人生を送ることを目指して，生涯にわたって行う学習を助けるために，教育制度全体がそのうえに打ちたてられるべき，基本的な理念のことを生涯教育とした。

さらに，臨時教育審議会「教育改革に関する第4次答申（1987年）」においては，学習機会を整備・提供する側の視点である「生涯教育」から，学習者の視点をより重視した「生涯学習」へと用語が転換した。また，教育基本法第3条では，「国民一人一人が，自己の人格を磨き，豊かな人生を送ることができるよう，その生涯にわたって，あらゆる機会に，あらゆる場所において学習することができ，その成果を適切に生かすことのできる社会の実現が図られなければならない。」と明記している。

これらをふまえると，教育は，学校教育制度の枠組みだけではなく，学ぼうとする意欲や，知りたいという知的な好奇心・探究心に基づいた，生涯にわたる活動そのものがあり，その機会とその成果を社会的に保障・評価することが，生涯学習の理念となる。ラングランが提唱した生涯教育の理念は，生涯発達的な人間観とも通じ，現在では学校教育，社会教育，職業能力開発学習のみならず，スポーツ活動・文化活動・趣味・娯楽・余暇・ボランティア活動・レクリエーション活動も含まれており，個々人の日常的な生活・活動の中にも生涯学習が存在するといえるだろう。

（3） フレイレ（P. Freire, 1921-1997）

　フレイレはブラジル北東部ペルマンブーコ州に生まれ，レシフェ大学法学部を卒業後，ブラジル北東部レシフェ市で，貧しい農村での識字教育活動を行った。これは，自分の境遇や暮らしについて考え，生活を変えていく（意識化）ための手段として，言葉の読み書きを学ぶというものであった。1960年代には民衆文化運動組織したが軍事クーデターによって逮捕後，チリに亡命する。その後，ユネスコ農業改革訓練所顧問，チリ大学教員を経て，ハーバード大学教育開発研究センターの客員教授となった。

　ひと（被抑圧民衆）は抑圧された状況においては言葉を奪われ「沈黙の文化」に埋没されているが，識字と対話の共同作業によって文字を獲得し，ひとが文化と政治の主体に再生していく解放の理論を体系化したものが，『被抑圧者の教育学』[15]である。その代表的な部分を紹介する。

> 「正しい方法は対話にある。解放のために闘わなければならないという被抑圧者の確信は，革命的指導によって授けられる贈物ではなく，被抑圧者自身の意識化の成果である。」
>
> 「知識を与えるとか詰め込むとかいう教育は，結局抑圧者のやっていることと変わらない。抑圧者は，そのようにして被抑圧者を操作しているからだ。」
>
> 「人間化の教育学にあっては，方法とはもはや教師（ここでは革命的指導部）が生徒（被抑圧者）を操作するための道具ではなくなる。」
>
> 「課題提起教育は，革命的将来の可能性である。それは予言的であり，だからこそ希望にあふれ，人間の歴史的本性に合致する。かくしてそれは，人間を，自分自身を乗り越え，前進し，前方を見つめる存在として肯定する。」

　フレイレのいう意識化とは，ひとが社会的・政治的な矛盾を認識し，それが何かを明らかにすることに焦点をあてた学習形態であり，個人の生活に存在する抑圧的な部分と向き合うことそのものが含まれている。また，従来型の教育を「銀行型教育（知識を預金的な価値とする）」とよび，それを改善するためには，対話によってみずからの問題を発見し，これを解決していく「課題提起教育」を教育の目的とした。

（4） イリイチ（I. Illich, 1926-2002）

　イリイチは，ウィーンで生まれ，幼少期は外交官であった父の影響でヨーロッパ各地で過ごし，ローマのグレゴリアン大学で哲学と神学を学び，第二次世界大戦終了後はザルツブルクで歴史を学び，カトリックの神父となった。その後，ニューヨークでプエルトリコ人街の教会の神父などを経て，南米プエルトリコのカトリック大学の副学長，メキシコに宣教師を養成するための

国際文化資料センターを設置，ラテンアメリカの社会制度に関する研究を行った。一般的にイリイチの教育論は「脱学校化論」とよばれ，1970年代以降世界の学校教育制度に大きな影響を及ぼした。以下，『脱学校化の社会』[16] の代表的な部分を紹介する。

> 「人々が，健康，教育，輸送，福祉，心理的治療といった価値は，制度からのサービスあるいは制度による世話を受けたことの結果として得られるのだと思うようになるならば，この破壊の過程がいかに促進されるかを説明しよう。」
> 「最も根本的に学校にとって代わるものは，一人一人に，現在自分が関心をもっている事柄について，同じ関心からそれについての学習意欲をもっている他の人々と共同で考えるための機会を，平等に与えるようなサービス網といったものであろう。」

　本来，ひととしての価値とは，子どもがより善くなるために自ら見出すものである。しかし，現在の公教育では，国や自治体，学校によって制度化されたカリキュラムに沿って，制度上かくあるべきという子どもになるために，あらかじめ定めた知識や技能を学ばされているにすぎないと，イリイチは主張する。そこで，このような制度化された状況から脱却し，本来の学びを取り戻すために，「他の人々と共同で考えるための機会を，平等に与えるようなサービス網（opportunity web）」を作ることを提案した。また，教育改革の方針として，以下4点を示した。

> ① 現在，個人または制度が事物のもっている教育的価値をコントロールしているが，そのコントロールを廃止して，すべての人が事物を利用できるように開放すること。【事物へのアクセス】
> ② 求めに応じて技能を教えたり実際に用いたりすることの自由を保証して，技能の分かちあいを開放すること。【技能の交換】
> ③ 会を招集し，それを開催する能力（現在，国民を代表すると主張する制度によって，ますます独占されている能力）を個々人に返すことによって，国民の批判的，創造的な資源を開放すること。【仲間づくり】
> ④ 現在人々は既存の専門職業が提供する援助を期待するように義務づけられているが，個々人をそれから解放すること。【専門的な教育者】

　イリイチの主張は，公教育の本質であり，すべての子どもの学習権を保障するためには，学校制度そのものの枠組みを超えた学びの場の創設である。これは，学校を補完するというものではなく，社会教育のリソースを組み入れた環境構成であり，生涯学習的な視点から，教育の目的と意義をとらえ直し，未来に向けて発展させるという，パラダイムの転換を示している。
　現代においては，子どもと家庭，学校教育をとりまくさまざまな課題は，

世界各地に存在する。これらを解決するためのヒントのひとつが，イリイチの提案にあると考えられる。

【引 用 文 献】

1) 眞壁宏幹編『西洋教育思想史』慶應義塾大学出版会，2016年，p.188

2) Immanuel Kant, *über die Pädagogik*, 1803, (Hrsg. von Friedrich Theodor Rince nack Kants Vorlesunsmaterialien)，I・カント「教育学」加藤泰史訳『カント全集17』岩波書店，2001年，pp.237-238

3) J・F・ヘルバルト，是常正美訳『教育学講義綱要』協同出版，1974年，p.3

4) 田中克佳編著『教育史——古代から現代までの西洋と日本を概説』川島書店，1987年，p.117

5) J・F・ヘルバルト，三枝孝弘訳『一般教育学　世界教育学選集第13』明治図書出版，1960年，p.80, p.193

6) Friedrich Willhelm August Fröbel, *Die Menscbenerziehung*, 1826, F・フレーベル，荒井武訳『人間の教育　上』岩波書店，1986年，pp.11-13

7) フレーベル館公式オンラインショップ「つばめのおうち　たのしみながら発見できる教具フレーベル恩物特集」http://www.froebel-tsubame.jp/html/page140.html（2018年1月20日閲覧）

8) 前掲1)，p.321

9) John Duwey, The Child and the Curriculum. *The Middle Works*, vol.2, ed. Jo Ann Boydston, Southern Illinois University Press, 1979, p.278

10) John Duwey, The School and Society. *The Middle Works*, vol.1, Southern Illinois University Press, 1976, p.23, J・デューイ，宮原誠一訳『学校と社会』岩波文庫，1957年，p.45

11) John Duwey, Democracy and Education in the World of today, *The Later Works*, vol.13, p.294

12) クラウス・ルーメル監修『モンテッソーリ教育用語事典』学苑社，2007年，p.89

13) J・ブルーナー，鈴木祥蔵・佐藤三郎訳『教育の過程』岩波書店，1963年

14) 波多野完治『波多野完治全集11　生涯教育論』小学館，1990年

15) パウロ・フレイレ，小沢有作訳『被抑圧者の教育学』亜紀書房，1979年

16) イヴァン・イリッチ，東洋・小澤周三訳『脱学校の社会』東京創元社，1977年

お薦めの参考図書

① 山崎英則・徳本達夫編著『西洋教育史（教職専門シリーズ）』ミネルヴァ書房，1994年

② 山崎英則・徳本達夫編著『西洋の教育の歴史と思想（MINERVA教職講座）』ミネルヴァ書房，2001年

③ 今井康雄編『教育思想史（有斐閣アルマ）』有斐閣，2009年

④ 勝山吉章編著・江頭智弘・中村勝実・乙須翼著『西洋の教育の歴史を知る——子どもと教師と学校をみつめて（現場と結ぶ教職シリーズ）』あいり出版，2011年

⑤ 藤井千春編著『時代背景から読み解く西洋教育思想』ミネルヴァ書房，2016年

第8章 日本の教育Ⅰ（古代から中世まで）

　本章では，日本の古代から織豊期頃までの教育の歴史と思想について説明する。それは，近代以降の学校教育および公教育制度の背景となる，日本の教育に対するとらえ方や文化の土台が，この時期にあると考えられるためである。これらをふまえて，教育の意義と役割について考えてみたい。

1　古代の教育

（1）　大陸文化と古代の教育

　古代日本において，「教育」という言葉や概念が通用し，その内容を示す史実的な資料はさほど多くはない。しかし，原始社会から古代国家の形成期においても，「ひと」が生まれ育ち生きていくためには，家族単位，地縁血縁の人々がコミュニティを形成し，仲間と共同で狩猟採集活動などを行っていたことは想像できる。そして，知識や技能，作業に適した道具が必要となる。これらを仲間と共同で開発し，共有し，伝えあい，次世代に伝承することが「教育」といえるのであれば，「ひと」がより善く生きながらえ，そこで形成したものを次世代に引き継いでいくために，何らかのコミュニティ単位での「教育」が行われていたと考えられるだろう。

　やがて，稲作が普及し農耕牧畜が始まると，定住生活を前提としたコミュニティ（ムラ社会）が出現する。ムラ社会では，生産物は共有財産となり，その多少によって格差が生じ，ムラの長が出現する。さらに，生活上必要となる知識や技術開発が促進され，言葉によるコミュニケーションや情報交換，ムラ社会を維持するためのおきても必要となる。一方，ムラ社会以外からもたらされた技術や文化なども取り入れつつ，それらをムラの風土や慣習に合うように改良・工夫する必要性も生じる。そうすると，ムラ社会における個々人の仕事や，役割の分担を行うようになる。その結果，ムラ社会で生きていくための知識や技能を習得することによって，子どもはムラの構成員として成長・発達することができる。そして，ムラの長や長老などが，子どもや若者にこれらを教える役割を担うことになる。

　BC2世紀頃には，ムラから規模を拡大した小国家が分立し，小国家間での勢力争いや紛争が起こり，徐々に統一国家となった。『魏志倭人伝』によ

第2部　教育の思想と制度の歴史

ると，邪馬台国が成立したのは2～3世紀頃である。その後，4世紀頃には，各地の豪族や大和地域の有力豪族が結集した諸豪族連合（大和朝廷）となり，氏族社会となった。この頃になると，社会階層化が進み，国の支配層と被支配層が明確に区別されるようになった。

一方，4世紀頃の中国は五胡十六国の時代（304～439年）から魏・周の南北朝時代を経て隋が統一（581年），朝鮮半島情勢も高句麗・百済・新羅の三国分裂時代を経て，新羅が三国を統一（668年）した。

これらの国々から日本にやってきた人々（渡来人・帰化人）によって，文字や技術・文化が日本に伝えられた。彼らは文字・漢文だけではなく，天文，暦学，地理の知識や灌漑・土木・織物・冶金術などの高度な技術や仏教・儒教を氏族社会にもたらし，それを日本人に教授した。そして，帰化人の子孫が氏族社会に溶け込むことによって，知識や技術の次世代への伝承と後継者の養成が行われ，日本の文化が発展し，古代律令国家の形成に多大なる影響を与えたと考えられる。

（2）　聖徳太子と教育

聖徳太子

聖徳太子（厩戸皇子：574-622）は，用明天皇と穴穂部間人皇女の第二皇子として生まれ，後に推古天皇の摂政となった。当時は蘇我氏をはじめとした豪族勢力間の紛争も絶えなかったが，それに対抗するため，仏教的な価値観を取り入れた政策を用いて，天皇を中心とした理想国家の実現を目指した。

冠位十二階
十七条憲法

聖徳太子の治世においては，「**冠位十二階**」や「**十七条憲法**」の制定，『三経義疏』の制作，遣隋使の派遣，法隆寺（学問所）などの建立など，多数の業績が残されたが，その中核を担っていたのが賢哲官（官僚）である。

賢哲官とは，「和」に従って行動する人という意であり，政務や外交にも深くかかわった。賢哲官の養成とその組織化は，聖徳太子が目指した理想国家の実現の中核をなす政策であり，その一例は，小野妹子，高向玄理，僧旻，南淵請安らを遣隋使として派遣したことにも示されている。また，法隆寺においては，太子自らが法華経の講義を行い，僧侶の養成に努めたともいわれている。

このように，賢哲官の養成は，国家の基盤となる人材の育成を目的とした教育実践といえるだろう。

70

2 貴族の教育

(1) 律令制度と教育

聖徳太子の死後，その理想を引き継いだのが，中大兄皇子・中臣鎌足らによる大化の改新（645年）である。その基盤となった政策は，公地公民制，班田収授法，租税（租・庸・調）の徴収などである。さらに，大宝律令の制定（701年）により，**二官八省**の官僚制度を基盤とした組織的な国家運営がなされるようになった。

その一方で，賢哲官として養成・登用された官僚らは，新官僚貴族という勢力になり，政務の中枢を担っていった。彼らは，仏教・儒教的な教養を備え，国のために尽力しようとする人々であった。このような状況は，奈良時代から平安時代初期に及んだが，遣唐使の停止（894年）以降，開学との文化交流が途絶えてしまった。一方，藤原氏をはじめとした門閥貴族の台頭により，官僚たちの価値観は，国や公共のためではなく，門閥の利益を優先するように変わっていった。

(2) 貴族の教育

平安時代の官僚制度は，官職とその**位階**によって成り立っていた。しかし，門閥貴族の子弟の間では，**蔭位の制度**が一般化し，子どものころから学問を修め，努力を積み重ねて国家のために働く人材になろうという意識は，徐々に薄れていった。この背景にあるのは，公地公民制度から荘園制度へと移行し，藤原氏をはじめとした特定の門閥による富と権力の集中があった。いわゆる摂関政治の時代における貴族の価値観は，位階・官職が高く，容姿に恵まれ学問にも優れ，詩歌，管弦楽の素養と技量があり，貴族的品性を備えていることであった。そのため，国家・政治的な実務は下級官僚が担うようになっていった。

そのため，門閥貴族は子弟の教育において重視したことは，儒教的な学問や教養以上に，貴族的品性を養うためのカリキュラムであった。とくに，和歌による自然美表現，漢詩風詠，音楽的教養は「詩歌管弦」といわれ，これに秀でた貴族は，「**三船の才（公任の誉れ）**」とたたえられ，理想の貴族像とされた。このような理想の貴族を育成するための教育機関には，大宝律令（701年）以降に設置された大学寮，国学，直曹（じきそう）・別曹（べっそう）や，綜芸種智院などがある。

大学寮は，式部省に属する官僚養成機関，いわば現代の国立大学である。

二官八省
　日本古代の律令制の官庁組織。狭義には太政官（だいじょうかん），神祇官（じんぎかん）の二官と，中務（なかつかさ）省，式部（しきぶ）省，治部（じぶ）省，民部（みんぶ）省，兵部（ひょうぶ）省，刑部（ぎょうぶ）省，大蔵（おおくら）省，宮内（くない）省の八省を指す。広義には，この二官・八省に統轄される八省被管の職・寮・司や弾正台（だんじょうだい），衛府（えふ）などの中央官庁，および大宰府（だざいふ）や諸国などの地方官庁を含む律令制全官庁組織（二官八省一台五衛府）の総体。

位階
　律令制度に基づく序列・身分。個人の努力と能力によってそれに見合った位階と官職に就けるように設定されたもの。皇族の親王は品位（一品から四品），諸王は正一位から従五位下までの14階に，諸臣（臣下）は正一位から少初位下までの30階に分かれていた。

蔭位の制度
　貴族の子弟に対する特例的な位階・官職授与制度。有力貴族の子弟は21歳になると，成人すると父祖の位階に応じて自動的に位階が与えられた。

三船の才（公任の誉れ）
『大鏡（太政大臣頼忠伝）』にある，藤原公任のエピソード。

教職員・学生構成は，頭（かみ），助（すけ），允（じょう），属（さかん），博士，助博士（助教）で構成され，学生（がくしょう）400人，算生30人と雑用係がいたとされる。頭の職掌が学生の指導を担当していた。入学資格は，13歳以上16歳未満，五位以上の子弟，および東西史部（やまとかわちのふびとべ），請願があれば八位以上の子弟にも入学は許された。カリキュラムは，儒学を中心に経学，算学，音学，書があり，「孝経」，「論語」，「礼記」，「春秋佐氏伝」，「毛詩」，「周礼」，「儀礼」，「周易」，「尚書」といった科目群で構成されていた。これらを修めた後で，国家試験を受験し一定の成績を収めたならば官僚となれる仕組みであった。

　国学は，国司の管轄ある地方豪族や郡司の子弟を対象とした官僚養成機関であるが，欠員が生じた場合は，庶民の子どもの入学も許された。大学寮と同様に入学試験があり，一定のカリキュラムを修めることによって，官吏に採用される可能性があった。代表的なものに，大宰府に設けられた府学校（学業院）があった。

　一方，藤原氏などの有力貴族は，一族の子弟を教育するための，独自の教育機関を設けた。代表的なものには，弘文院（和気氏），文章院（菅原・大江氏），勧学院（藤原氏），学館院（橘氏），奨学院（在原氏）などがある。これらはいわば現代における私立大学に相当するが，大学寮構内にあったものは直曹，構外にあったものは別曹とよばれた。また，綜芸種智院は，僧俗貴賤の区別なく，誰もが学べる場として，前中納言藤原三守の九条邸宅に，空海が創設した教育機関である。

　このように，平安時代の日本における教育は，公的な官僚養成を目的としたものから始まり，貴族的品性や教養を学ぶもの，庶民を対象としたものに至るまで，位階や身分，価値観に応じて多様なものがあった。ただし，これらへの女子の入学は許されておらず，女子教育は家庭で行われていた。摂関政治体制においては，天皇家や有力貴族に娘を嫁がせることや，宮中に出仕させることによって，一族全体が繁栄することもあった。そのため，上流貴族の家庭では，専従の乳母や家庭教師をつけ，娘に貴族的品性と教養を修得させていた。その結果，国風期独自の文化が栄えた。

3 武士の教育

（1） 武士と教育

　平安時代中期から末期にかけては，荘園制によって富と権力が，一部の有力貴族に集中したため私有財産が増え，それを管理する役割が必要となった。

第8章　日本の教育Ⅰ（古代から中世まで）

また，摂関政治においては，天皇との姻戚関係において自分の門閥勢力を維持拡張することに価値を見出していたが，後三条天皇（1034～1073年）以降，藤原氏の勢力は衰えていった。そして，院政期（1086～1185年）には，大学寮・国学も崩壊したといわれている。このような社会的な状況の変化にともなって，僧兵や武士が現れ，やがて武士勢力が台頭し，1185年，源頼朝が守護・地頭を設置し，その後征夷大将軍に任ぜられたことによって，武士階級と貴族階級の立場が逆転することになる。

　武士社会における価値観は，武力による社会的秩序の安定である。その根底にあるのは，御恩と奉公によって結ばれた主従関係と，家父長を頂点とした一族郎党による大家族制度であった。鎌倉武人が理想とした武士像は，「坂東武者の習」であり，「弓馬の道」といわれ，主君に対する絶対的な忠誠心と武勇であることであった。そして，信義と公平さを重んじ，質素を旨とし，慈悲の心を兼ね備えていることが理想とされた。

　そのため，武士の子弟の教育においては，まず武芸を修得し秀でることが目的となった。また，和漢混合体で編纂された軍記物などの影響もあり，次第に武士の間にも読み書きへの関心が広がっていった。さらに，朝廷や貴族，国司らとの対外的な交渉事において，武士階級の棟梁には文武兼備であることが期待され，相応の知識や教養があることが求められた。鎌倉時代中期には，将軍や執権，幕府重臣職の中には，武芸の熟達とともに和歌・書道・管弦・蹴鞠といった貴族的教養を進んで身につける武士も現れた。

　一方，武士の子弟の教育は家庭教育が中心であり，平安期の国学のような官立の学校は存在しなかった。そのため，有力武士の一門においては，それぞれの**家訓**を代々伝えることによって，独自の家風を伝承していた。代表的なものには，「平重時家訓」，斯波義将「竹馬抄」，今川了俊「今川了俊制詞」，北条早雲「早雲寺廿一箇条殿」，毛利元就の「毛利元就状」などがある。

　また，将軍家や執権・管領家のような有力武家の子弟は，幼少期に親元を離れ，家臣郎党の中から選ばれた「傅（めのと）」およびその妻（乳母）や子ども（乳母子）などによって，理想の武士となるように養育された。そして，養君（若君）が成人後は，傅一門が後見役であり最も忠実な家臣となった。武士の修練は，戦場において十分な働きをするためのものであり，「坂東武者の習いとして，父死ぬれども子顧みず，子討たれるとも父退かず」といわれるような武士の精神と人間形成が，教育の目的であった。

家訓
　家父長制において，家長が一族郎党や子孫のために書き綴った伝聞・経験などによる私的な訓戒。

（2）僧侶と教育

　9世紀以降の貴族の衰退と武士の台頭は，京都や鎌倉だけではなく，奥州

73

第2部　教育の思想と制度の歴史

藤原氏のように，地方豪族の軍事力・経済力が増していった。それにともない，地方においても独自の宗教・文化が出現した。また，院政期頃からは，いわゆる**末法思想**が広がり世情は不安定化し，救済を求める人々の願いが，信仰仏教の発展へとなった。以下，鎌倉期の新興仏教を表8-1に示す。

末法思想

釈迦の入滅（死）後，500年（または1000年）の間は正しい仏法の行われる正法（しょうぼう）の時代が続くが，その次の500年（または1000年）は像法（ぞうほう）の時代，さらにその次の500年（または1000年）の末法の時代を経て，法滅の時代に至るとする，仏教思想。日本では1052年を末法元年とする説があり，平安末期から鎌倉期にかけて広く浸透し，厭世観や危機感から信仰仏教が発展した。

表8-1　鎌倉期の代表的な新興仏教（著者作成）

宗派	開宗	開祖	寺院　な　ど
浄土宗	1175年	法然	知恩院，「南無阿弥陀仏」を唱えることによって往生できるという教え（専修念仏）
浄土真宗	1224年	親鸞	本願寺，「南無阿弥陀仏」を唱え己を悪と自覚することによって阿弥陀仏により救済されるという教え（他力本願）
時宗	1274年	一遍	清浄光寺，「南無阿弥陀仏」を唱えながら踊ることによって往生できるという教え（踊念仏）
法華宗	1253年	日蓮	身延山久遠寺，「南無妙法蓮華経」を唱えることによって往生できるという教え
臨済宗	1191年	栄西	建仁寺，「興禅護国論」による禅の教え。幕府や朝廷，京都・鎌倉五山からも保護される。
曹洞宗	1227年	道元	永平寺，道元が南宋から帰国後，座禅中心の厳しい修行から悟りを開くと説いた禅宗

4　中世の学校機能

（1）金沢文庫

鎌倉時代中頃，鎌倉幕府執権であった北条泰時（1183～1242年）の甥北条実時（1224～1276年）が，1275年頃に，武蔵国久良岐郡六浦荘金沢（現横浜市金沢区）の持仏堂を建立し，後に称名寺となった。その別棟に，書籍・絵画・器物・文具などが多数納められ，いわゆる書庫，図書館的な役割と機能を果たしていた。現在は「中世歴史博物館神奈川県立金沢文庫」[1)]として一般公開されている。

（2）足利学校

フランシスコ・ザビエルの書簡において，「坂東の大学」と記された，日本最古の学校といわれている。その創設については，国学遺制説，小野篁創建説，足利義兼創建説があるが，定かではない。1432年以降，関東管領上杉憲実によって再興された。足利学校では，孔子の教えを基にしたカリキュラム（三注・四書・六経・列子・荘子・老子・史記・文選）が編成され，全国から学生が集まった。とくに兵学と易学は有名であり，戦国時代に軍師となったものもいる。現在は栃木県の管理下にて一般公開されているが，2016年4月

日本遺産審査委員会によって，史跡足利学校跡を含む「近世日本の教育遺産群——学ぶ心・礼節の本源——」は「日本遺産」に指定された[2]。

【引 用 文 献】

1）中世歴史博物館神奈川県立金沢文庫, https://www.planet.pref.kanagawa.jp/city/bunko/bunkogaiyou.html（2017 年 11 月 10 日閲覧）

2）日本遺産足利学校, http://www.city.ashikaga.tochigi.jp/page/nihonisan.html（2017 年 11 月 10 日閲覧）

【参 考 文 献】

1）田中克佳編著『教育史——古代から現代までの西洋と日本を概説』川島書店, 1987 年

2）詳説日本史図録編集委員会編『山川詳説日本史図録［第 5 版］』山川出版社, 2011 年

3）全国歴史教育研究協議会編『日本史用語集 A・B 共用』山川出版社, 2014 年

4）山本正身『日本教育史——教育の「今」を歴史から考える』慶應義塾大学出版会, 2014 年

お 薦 め の 参 考 図 書

① 寄田啓夫・山中芳和編著『日本教育史』ミネルヴァ書房, 1993 年

② 大戸安弘『日本中世教育史の研究——遊歴傾向の展開』梓出版社, 1998 年

③ 文教政策研究会編『日本教育史』日本図書センター, 2013 年

④ 佐藤環編著『日本の教育史——現場と結ぶ教職シリーズ』あいり出版, 2013 年

⑤ 日本児童教育振興財団編『学校教育の戦後 70 年史』小学館, 2016 年

第9章 日本の教育Ⅱ(近世から第二次世界大戦終結まで)

1 江戸時代の子ども観と教育

(1) 江戸時代の子ども観

　子ども観とは，子どもをどのような存在とみなすかに関する大人社会で広く共有されている見方のことである。子ども観は社会や文化の変化の中で変わりつつある。

　日本では，古来より「7歳までは神のうち」と言われ，7歳までの子どもは，人間ではなく神の子と考えられていた。また，「子は宝」という思想が共有され，子どもは将来の労働力として大切にされた。このような子ども観は江戸時代まで及ぶこととなる。

　江戸時代は身分制度が確立され，人々は職業によって，武士・百姓・町人などに区別された。子どもは継ぐべき家，村の後継者であった。

(2) 江戸時代の教育

　江戸時代では，武家の教育と百姓・町人の教育が，それぞれ独自の形態をとって成立していた。子どもは継ぐべき家に合わせた教育を受けた。

　武士は，幕藩体制の支配者であり，また指導者としての地位を保っていた。武士の子弟の教育機関として，幕府直轄の昌平坂学問所が設置され，各藩には藩校が設置された。学問は，幕府の方針に基き，儒学の一派である朱子学が**官学**として尊ばれた。入門書として千字文（1000の漢字を250の4字句に綴った教育書）や三字経（3文字で1句とし，学習の重要さや儒教の基本的な**徳目**・一般常識・中国の歴史などを盛り込んでいる教育書）などが用いられた[1]。

　商業や工業が発達した江戸時代には，百姓・町人は生活に必要な能力として，読み・書き・算盤を身につけることが求められた。百姓・町人の子どもは寺子屋に通い，まず数字から始め，方角・町名・村名など，日常生活において必要な基本文字を学んだ。次に継ぐべき家の産業や生活と直接関係がある**往来物**を学んだのである[2]。

　藩校と寺子屋は，江戸時代の代表的な教育機関であったが，この他にも郷校，私塾などの教育機関が設けられていた。江戸後期になると，寺子屋は全国に広く普及され，藩校や私塾は西洋学を取り入れるようになった[3]。この

官学
　時の政府が正統と認め，統治のよりどころとした学問。

徳目
（とくもく）
　徳を分類した細目である。ここでは，儒教における仁・義・礼・智・信を指す。

往来物
　手紙の形式をとって作成された初歩教科書の総称である。「商売往来」「百姓往来」などがあった。

ように，江戸時代後期には明治維新後，急速に展開される近代教育の土台になっていた。

（3） 江戸時代の幼児教育

江戸時代の学者が幼児教育についての思想を唱えており，幼児を施設で保育する構想があった。次に，代表的なものをあげる。

江戸時代前期の儒学者であり，日本の陽明学の祖といわれている中江藤樹（1608-1648）は，著書『翁問答（おきなもんどう）』において，孝行を中心とする道徳哲学を，わかりやすく問答形式で説いた。その中に子孫の教育は幼少時が根本であると述べられている。

朱子学者の貝原益軒（1630-1714）は，著書『和俗童子訓（わぞくどうじくん）』で，「小児のおしえ（教）は，はやくすべし」として，早い時期（はじめて食事をとり，言葉を話し始めた頃）からの善行の習慣形成の必要性を主張した。また，同書の「巻之三の随年教法と読書法」では，儒学という学問的な土台の上に，6歳から20歳までの各発達段階に即した学習内容，学習方法と**学習教材**が記されている[4]。これは，日本で最初の体系的な教育書といわれている。

経済学者・農政学者である佐藤信淵（1769-1850）は，著書『垂統秘録（すいとうひろく）』の中で，貧しい農民たちが乳幼児を預けて安心して働けるよう，子どもを無償で預かる「慈育館（じいくかん）」と「遊児厰（ゆうじしょう）」を構想した。「慈育館」とは，生後から4，5歳までの子どもを対象とする保育施設で，「遊児厰」とは，4歳から7歳までの子どもを対象とする保育施設であった。

> **学習教材**
> 主に四書五経，史記，漢書など儒学の書籍を使用する。

2 明治時代の子ども観と教育

（1） 明治時代の子ども観

明治時代になっても，子どもは家の後継者であるという子ども観が，旧来より変わることなく受け継がれていた。また，1890（明治23）年には，「**教育勅語**」の渙発により，天皇および親の恩に報い，忠孝を尽くすことが美徳とされた。近代国家を目指し，富国強兵を押し進める国家にとって，子どもはそれを支える重要な労働力であった。

> **教育勅語**
> 明治天皇が大権に基づき，直接国民に対して発した，学校教育の最高規範書である。

（2） 明治時代の初等教育

明治政府は，近代国家の富強を図るために富国強兵策をとり，その一環と

第2部　教育の思想と制度の歴史

学制
1872（明治5）年に太政官より発された，日本最初の近代的学校制度を定めた教育法令である。

して教育制度の整備に着手した。明治政府は，フランスの学校制度を模範とし，1872（明治5）年に「学制」を制定した。「学制」の前文に当たる「学事奨励に関する被仰出書（おおせいだされしょ）」では，立身出世，国民皆学などの教育理念が示された。

また，「学制」は学区制度を設け，全国を8つの大学区に分け，各大学区の中を32の中学区，各中学区の中をさらに210の小学区に分けることになっていた。明治政府は，学区制によって全国に小学校を設立しようとした[5]。

しかし，学区制は地域の実情を無視した画一的な制度であった。また，子どもが就学することで労働力をそがれることや授業料徴収などによる家庭の負担が大きかった。これらのことから，1879（明治12）年に学制は廃止された。

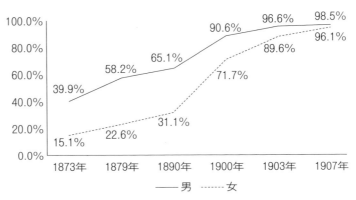

図9-1　学齢児童の就学率の推移
出典：文部省『学制百年史』帝国地方行政学会，1972年，p.195，p.321の資料を基に筆者作成

この後，教育令（一次〜三次）を経て，1886（明治19）年に第一次小学校令が公布された。小学校は尋常・高等の二段階とされた。1890（明治23）年に第二次小学校令が公布され，小学校の目的が明示された。1900（明治33）年に第三次小学校令では，尋常小学校は4年とされ，義務教育年限が4年に統一された。また，特別の場合を除いて，授業料の徴収は禁止された。これにより，義務教育の無償化が実現した。以降，就学率（図9-1）も飛躍的に向上し，政府主導によって推進された初等教育の義務教育制度がほぼ確立された。

明治時代は，江戸時代の伝統的教科書を使用しつつ，主に欧米の教科書を翻訳したものが使用された。教科書を通じて全国に近代教育を普及させるため，1903（明治36）年，小学校教科書は文部省著作のものに限るとする国定教科書制度が確立され，教育内容の細部まで国家統制が及ぶこととなった。また，尋常小学校では一斉授業や**実物教授**が導入されたが，実物教授は形式的な模倣に過ぎず，教育方法を実際に改革するには至らなかった。

実物教授
具体的な事物，実際の事物を直接観察させたり触れさせたりして教授し学習させる教育方法。

第9章　日本の教育Ⅱ（近世から第二次世界大戦終結まで）

（3）　明治時代の幼児教育

　1872（明治5）年の「学制」には，幼児を対象とした教育機関「幼稚小学」の規定があったが，当時は小学校の開設に重点が置かれ，就学前の幼児教育施設まで実現されるには至らなかった。「幼稚小学」とは無関係に，1875（明治8）年，京都ではフレーベルの幼稚園を模範として設けられた「幼稚遊戯場」があったが，1年半ほどで廃止された。

　1876（明治9）年には，東京女子師範学校附属幼稚園（現・お茶の水女子大学附属幼稚園）が開設された。この園は，日本初の官立幼稚園であり，日本の幼児教育の先駆的な役割を果たしていた。対象とする幼児は3～6歳で，1日の保育時間は4時間であった。保育内容は物品科，美麗科，知識科の3科目に分けられ，その中に25の細目が含まれていた。一日の保育はフレーベルの**恩物**を中心に展開し，唱歌・説話・体操・遊戯などがあった。園児は上流階級の子女が大部分を占めていた[6]。恩物の操作は（図9-2）のように行っていた。

　1879（明治12）年に，鹿児島女子師範学校附属幼稚園・大阪府立模範幼稚園が開設され，翌年に大阪市立愛珠幼稚園が開設された。この頃から私立の幼稚園も開設され始めた。

恩物
　フレーベルが考案した一連の教材である。第1恩物から第20恩物まで20種類ある。

図9-2　二十恩物の保育風景
（大阪市立愛珠幼稚園所蔵）

　明治中期になると，幼稚園の設立はますます盛んになっていった。これらに対応するため，1899（明治32）年に「幼稚園保育及設備規程」が制定された。これが，幼稚園に関する日本における最初の法令となった。この規程で，幼稚園は，満3歳から小学校に就学するまでの幼児を保育するところであることが明確にされた。また，保育内容は遊戯・唱歌・談話・手技とすること，1日の保育時間は5時間以内とすることなども規定された。しかし，「幼稚

園保育及設備規程」は，1900年（明治33）年の第三次小学校令の改訂により，小学校令施行規則の中に組み込まれることになった[7]。

明治後期になると，恩物を使用した堅苦しく細かい指導保育を批判するようになった。東基吉（1872-1958）は，1904（明治37）年に，『幼稚園保育法』を著し，幼児の自発的な遊びの重要性を主張した。

3 大正時代の子ども観と教育

（1） 大正時代の子ども観

1920年頃，画一的で型にはめたような教育のスタイルを批判する**大正自由教育運動**が起こった。大正自由教育運動は，日本人の子ども観に影響を与え，大人に従属させられた存在から子どもを解放し，児童を中心とする近代的な子ども観へと転換させた。

（2） 大正時代の初等教育

児童中心主義に基づいた大正自由教育のさまざまな実践は，まず師範学校附属小学校を中心に展開された。

兵庫県明石女子師範学校附属小学校において，及川平治（1875-1939）が中心となって，子どもの能力に応じた教育を実施するために，授業の中で，全級―分団―個別と変化して学習する分団式動的教育法を提案した。グループ学習をする分団は固定しないで，教材内容や学習者の理解状況に応じて，日々編成し直した。また，子どもの能力は多様であるということを踏まえ，自学自習する機会と方法を与え，子どもの能力に応じた教育実践を展開した[8]。

奈良女子高等師範学校附属小学校においては，木下竹次（1872-1946）を中心として，子どもの自律的学習を基本とした「**合科学習**」が実践された。子どもの自律的な学習について，「新学習教材に対しては必ず独自学習を基礎として相互学習にはいらねばならぬ。その相互学習が終わったならば再び独自学習に移って深刻な補充的学習をなすことが必要である。」[9]として，独自学習―相互学習―独自学習という学習の順序を提起していた。また，木下竹次は，雑誌『学習研究』を通じて，全国的な合科学習運動を展開し，当時の小学校教育に影響を与えた。

千葉師範附属小学校においても，手塚岸衛（1880-1936）は，教師の指示ではなく子どもが自ら進んで行うという自覚に基づいた自学こそが重要と考え，子どもの自発性，自主性を最大限に発揮させるという「自由教育」を提唱し，実践した。

大正自由教育運動
　欧米を中心に展開された児童中心主義思想に基づく運動が輸入され，日本で起こった教育運動である。

合科学習
　各教科に含まれる教育内容を一定の中心的課程に統合し，総合的に学習させる方法。

第9章　日本の教育Ⅱ（近世から第二次世界大戦終結まで）

大正自由教育運動によって，附属小学校にとどまらず，児童中心主義を掲げた私立小学校が各地に次々と設立された。1917（大正6）年に設立された成城小学校は「個性尊重の教育，自然と親しむ教育，心情の教育，科学的研究を基礎とする教育」のスローガンを掲げ，新教育を実践していた。1924（大正13）年に設立された明星学園では，個性尊重，自主自立，自由平等の理念が定められ，新教育に取り組んでいた。この時期，全国の各小学校では独自の教育観に基づいた教育が実践されていった。

大正自由教育に連動して，1918（大正7）年に鈴木三重吉が童話と童謡の児童雑誌『赤い鳥』を創刊した。鈴木三重吉の呼びかけに応えて，芥川龍之介，北原白秋，山田耕筰など多くの著名人が協力し，海外の自由で新しい教育思想や芸術運動を積極的に取り込みながら，新しい文化・芸術を創造する運動へとつながった。彼らはまた，子どもたち自身のつくり出す文化としての綴方，自由詩，自由画を提唱した。

（3）　大正時代の幼児教育

大正期に**モンテッソーリ教育**法が紹介され，幼児の自発活動の重視，感覚練習を知的発達の基礎とする理論は日本の幼児教育に影響を与えた。日本でも保育方法に対する新しい試みがなされ，さまざまな新しい保育思想や保育理論が展開された。

モンテッソーリ教育
20世紀初頭にマリア・モンテッソーリによって考案された教育法である。

土川五郎（1871-1947）は，子どもにふさわしい音楽を使用し，子どもに合った振り付けをした「律動遊戯」と「表情遊戯」を創作した[10]。土川は遊戯を通して子どもが感情を豊かにし，身体的機能を高めることを主張した。律動遊戯は，大正期から昭和初期にかけて全国の幼稚園に普及した。

東京女子高等師範学校教授兼附属幼稚園の主事であった**倉橋惣三**（1882-1955）は，恩物中心の形式化したフレーベル主義を批判し，幼児の生活を重視する「誘導保育論」を提唱した。倉橋の主張する「誘導保育」とは子どものありのままの生活を保育の基盤とし，ありのままの生活である自由遊びを通して，子どもが「自己充実」していく保育のあり方のことである。また，彼は保育者のかかわり方について，「自分も子どもになって」「子どもの内に入って」「子どものしている自己充実を内から指導していく」と述べている[11]。このような彼の保育理論は，日本の保育にはかり知れないほど大きな影響を与えた。

倉橋惣三
大正時代から昭和戦前時代に，幼児教育の発展に尽くした。1948年に日本保育学会を創設した。

大正時代，幼稚園の数は年々増加し，幼稚園の制度面での充実が求められた。1926（大正15）年，幼稚園単独の勅令である「幼稚園令」が制定された。そこでは，保育時間の規定が削除され，三歳未満の幼児の入園を認め，幼稚

園に保育所の性格を持たせようとした。保母は女子であって保母免許状を持つ者とすることなどを規定した。また，保育内容は遊戯・唱歌・観察・談話・手技等とした。従来の保育内容に「観察」を加え，さらに「等」という文字を挿入した[12]。これによって，保育の自由さが増えたことが窺える。

4　昭和初期の子ども観と教育

（1）　昭和初期の子ども観

1929（昭和4）年の世界恐慌が日本に影響を与えた。1931（昭和6）年に満州事変が起こり，1937（昭和12）年に日中戦争が勃発した。大正期に萌芽し始めた近代的子ども観は，歴史の表舞台から姿を消していった。子どもは将来の兵力・労働力と位置づけされ，国家の従属的な存在となった。

（2）　昭和初期の初等教育

1941（昭和16）年，国民学校令が公布され，従来の小学校が国民学校に改められた。国民学校は，教育の全般にわたって皇国民錬成の教育を目指した。戦時体制に入ることにより，教科書は，戦争遂行の目的に合った教材や，アジア諸国の風物，生活に関係した教材などが取り入れられ，従来の国定教科書の教材を一変させた。教育方法は，団体訓練によって錬成する方法をとることが奨励された[13]。

（3）　昭和初期の幼児教育

幼稚園令の制定によって，昭和初期は各園では自由遊びや観察も取り入れ

図9-3　兵隊遊戯をする園児
出典：日本保育学会『写真集幼児保育百年の歩み』ぎょうせい，1981年，p.118

られ，園外保育なども行われるようになった[14]。1932（昭和7）年に刊行された『実験保育学』の中で和田実は基本的な生活習慣を正しく身につける訓育的誘導論と，遊びを通して誘導し感化していく遊戯的教育論を主張した[15]。1935（昭和10）年に，東京女子高等師範学校附属幼稚園では，倉橋惣三を中心として「幼児の生活から出発し，生活に帰着する生活系統としての新しい保育案」を考え，『系統的保育案の実際』として刊行した。これは，全国の幼稚園での保育案作成に大きな影響を与えることとなった[16]。

しかし，戦時下においては，幼稚園の保育のあり方も内容も，戦時色を次第に強めていくようになる。しつけ，体育などが重視され，子どもは戦争に協力できる兵力・労働力として育てられた。1944（昭和19）年に「幼稚園閉鎖令」が出され，明治以来の幼児教育の流れはここでいったん途絶えることになる。

【引用・参考文献】
1）文部省『学制百年史』帝国地方行政学会，1972年，pp.66-69
2）同書，pp.70-72
3）同書，pp.73-82
4）貝原益軒著，石川謙校訂『養生訓・和俗童子訓』岩波書店，1961年，p.214，pp.240-243
5）前掲1），p.167
6）前掲1），pp.198-201
7）前掲1），pp.339-341
8）及川平治『分団式動的教育法』明治図書出版，1972年，pp.28-33
9）木下竹次『学習原論』明治図書出版，1972年，p.238
10）谷田貝公昭編『新版　保育用語辞典』一藝社，2016年，p.413
11）津守真・森上史朗編『倉橋惣三と現代保育』フレーベル館，2008年，p.41
12）前掲1），p.470
13）前掲1），pp.25-28
14）岩崎次男編『近代幼児教育史』明治図書出版，1979年，p.306
15）和田実『実験保育学（大正昭和保育文献集　第十巻）』日本らいぶらり，1978年，pp.49-51，pp.71-84
16）日本保育学会編『写真集　幼児保育百年の歩み』ぎょうせい，1981年，p.123

お薦めの参考図書

① 倉橋惣三『幼稚園雑草（上）』フレーベル館，2008年

② 倉橋惣三『幼稚園雑草（下）』フレーベル館，2008年

③ 津守真・森上史朗編『倉橋惣三と現代保育』フレーベル館，2008年

④ 倉橋惣三『育ての心（上）』フレーベル館，2008年

⑤ 倉橋惣三『育ての心（下）』フレーベル館，2008年

第10章 日本の教育Ⅲ（第二次世界大戦以降現代まで）

1 戦後教育改革

（1） 占領と旧体制の教育の解体

1945（昭和20）年8月，長きに渡った日本の侵略戦争は，連合国から出された**ポツダム宣言**の日本政府の受諾，すなわち無条件降伏により終結した。同年9月からは，超国家主義・軍国主義の除去に向けた連合国軍総司令部（GHQ）による占領統治が開始された。

1945年10月，GHQは日本政府に「五大改革指令」を発した。「思想警察の廃止」，「労働組合の結成奨励」，「女性の解放」，財閥解体・農地改革などによる「経済の民主化」，そして「教育の民主化」がその内容であった。この直後から同年末にかけ，GHQは教育内容からの軍国主義・超国家主義の排除を目指す「日本教育制度に関する管理施策」をはじめ，旧体制の教育の根底的な解体・打破に向けた，以下の「四大指令」を発した。

表10-1 教育の改革に関する「四大指令」

指令	日時	指令の主な内容
日本教育制度に対する管理施策	1945.10.22	教育内容からの軍国主義的・超国家主義的イデオロギーの排除 教育課程や教科書等の再検討・改訂
教員及教育関係官の調査，除外，認可に関する件	1945.10.30	教職から職業軍人および軍国主義的・超国家主義の鼓吹者を罷免
国家神道，神社神道に対する政府の保証，支援，保全，監督並に弘布の廃止に関する件	1945.12.15	国家神道の解体により，国家と宗教との分離と宗教の政治的利用を禁止
修身，日本歴史及び地理停止に関する件	1945.12.31	修身・日本歴史・地理のすべての課程を中止し，教科書を回収

（2） 日本国憲法・教育基本法の制定による教育の再建

1946（昭和21）年に入ると，教育改革の主題は，上述のような旧体制の教育の解体・打破から，戦後の新しい教育の構築へと移っていった。同年3月，GHQの招聘により，ストッダードを団長とする米国の教育関係者・専門家を中心とする「**第一次米国教育使節団**」が来日し，精力的に各地の学校等を視察，教育関係者との交流の上，後の教育改革に多大な影響をもたらす種々

ポツダム宣言
第二次世界大戦末期（1945年7月）に米英中の共同で出された，日本に無条件降伏を勧告する文書。日本の戦争を「世界征服の挙に出つるの過誤」とし，軍国主義の除去，戦争犯罪人の処罰，民主主義確立などを目的とする連合国の占領を求めた。

第一次米国教育使節団
日本の教育への助言・援助を目的とした使節団。同使節団報告書では，6・3制の単線型学校教育制度や男女共学，教育行政の民主化，児童中心主義に基づく教育課程などが提案され，戦後教育改革に多大な影響をもたらした。

の提言を報告書[1]にまとめあげた。同使節団の受け入れを担ったのは，自由主義的な考えを持つ知識人・教育関係者を中心に構成された「日本教育家委員会」（委員長　東京帝国大学総長・南原繁）であった。同委員会は，1946年8月に「**教育刷新委員会**」へと改組され，戦後教育の法制的な確立に中心的な役割を担った。

1946年11月には，「国民主権」「基本的人権の尊重」「平和主義」を三大原則とする「日本国憲法」が公布（翌年5月施行）され，「学問の自由」（第23条），「教育を受ける権利」（第26条），等が条文化された。

教育刷新委員会
　1946年8月に設置された内閣の諮問機関。初代委員長の安倍能成ら教育の専門家を中心に構成され，教育基本法－学校教育法の制定など，戦後教育改革の法制面での実現に中心的な役割を果たした。

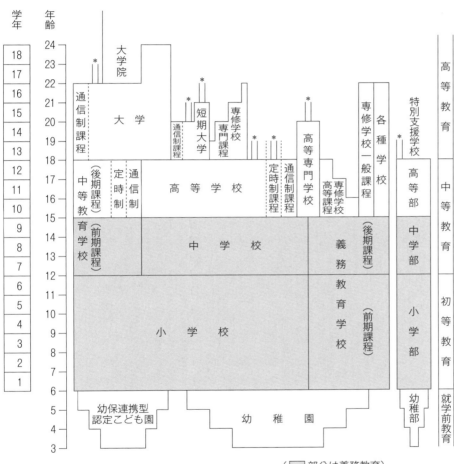

注：(1) ＊印は専攻科を示す。
　(2) 高等学校，中等教育学校後期課程，大学，短期大学，特別支援学校高等部には修業年限1年以上の別科を置くことができる。
　(3) 幼保連携型認定こども園は，学校かつ児童福祉施設であり0～2歳児も入園することができる。
　(4) 専修学校の一般課程と各種学校については年齢や入学資格を一律に定めていない。
出典：文部科学省『諸外国の教育統計　平成29（2017）年版』（文部科学省HP〈http://www.mext.go.jp/〉より）

図10-1　現行の学校系統図

教育基本法
前文において「個人の尊厳を重んじ、真理と平和を希求する人間の育成を期する」とし（旧法）、教育を受ける権利を具体的に条文化するなど、戦後教育のあり方を根本において定めた法律。2006年に一部改正された。

翌1947（昭和22）年3月には、憲法との深い結びつきを前文において明らかにし、戦後教育の根本理念を定めた「**教育基本法**」が、上述の教育刷新委員会の建議に基づき制定・公布された。また、同時に学校教育法が制定・公布されることで、幼稚園から大学までのすべての学校をひとつの流れに位置づける、新しい学校教育制度が単一の法律により定められた。これによって、教育機会の均等の理念に沿った、小・中9年制の義務教育、男女共学、単線型学校体系等、今日に続く学校教育制度の基本的骨格がつくりあげられたのである。

なお、こうした動向の他方、戦前・戦中の根本的教育理念とされていた教育勅語の失効・排除が、1948年（昭和23）年6月、衆参両院でそれぞれ確認された。

2 戦後教育のスタートと修正

（1） 新学制の発足と新教育の広がり

上述のような経過の後、戦後の新学制による学校教育が1947（昭和22）年4月から、あわただしくスタートを切ることとなった。しかしながら新制中学の設置—6・3制の実施などにあたっては、国家・地方予算の不足や国民生活の全般的窮乏のもと、教育費負担や学校施設・教員などの確保に大きな困難が生じていた。ただしその反面、戦時の閉塞から脱した、新しい時代にふさわしい教育への社会的な期待と注目は大きかった。教員も、旧体制の呪縛から解放されて、精神的にも自由を謳歌した[2]、とされる。

新学制に先立つ3月、文部省は、学習指導要領一般編（試案）を刊行し、後にこれに各教科の学習指導要領が続いた。同要領では、アメリカの児童中心主義的な教育理論を土台に、児童・生徒の生活経験に根ざした、**問題解決学習**を基本においた教育課程が志向され、新教科として社会科、家庭科、自由研究が設置された。また同要領はあくまで「手引き」であり、実際に教育課程の構成を行うのは現場教員とされた。

問題解決学習
児童・生徒の日常的な出来事から興味・関心のある問題を発見し、検討・議論を通して、解決案を導きだすという学習の形態。

戦後の新教育が広がりをみせたこの時期には、「川口プラン」に代表される、地域の社会調査を通した課題の発見・解決に向けた、独自のカリキュラムづくり（地域教育計画運動）が全国の学校・教員の間で活性化した[3]。また、日本コア・カリキュラム連盟をはじめ、教員・研究者による民間の教育団体も相次いで結成され、新教育運動を支えたのである。

第 10 章　日本の教育Ⅲ（第二次世界大戦以降現代まで）

（2）　戦後教育改革の修正

　このように戦後の改革と新教育が軌道に乗ろうとしていたその矢先におい
て，はやくもその修正を目指す動きが生じることとなった。日本の「民主
化」「非軍事化」を促進してきたGHQの占領政策が，1949（昭和24）年頃か
らにわかに転換を始めたのである。背景には，米国・ソ連間での冷戦の顕在
化があった。民主化とその定着よりも，日本の資本主義陣営の一国としての
早急な復興を優先するこの新政策は，日本社会に部分的に戦前・戦中の要素
を復活させるものとなった。共産党員やその支持者とみなされた多くの人々
が，GHQ指令により一方的に職を奪われ（「レッド・パージ」），学校現場にお
いても，約1,200名の教員が追放された[4]。

　1952（昭和27）年4月，サンフランシスコ講和条約が発効し，日本が資本
主義陣営の一員として独立を回復したことをも契機に，矢継ぎ早に修正は進
められた。1953（昭和28）年には，全国各地の平和教育実践の調査が文部省
によって秘密裏に行われた上，それらを「偏向教育」と一面的に問題化し，
当該の教員に免職等の処分が下されるという事態が生じた[5]。政府は，一連
の出来事を政治問題化することで，「**教育二法**」を国会での強行採決によっ
て成立させた。

　1956（昭和31）年からは，愛媛県に端を発した，学校長による教員への
「勤務評定」導入の動きが多くの地方自治体に広がりをみせた。これに対して，
教職員組合は，勤評による差別的な昇級制度は教育を破壊するものと強く反
対し，推進する文部省との間での対立が激化した[6]。

　以上のような政府・文部省の動向は，戦後の民主化のもとで活性化した労
働運動や社会運動において，大きくその存在感を示していた教員層や教職員
組合の運動に対し，強く歯止めをかけることに主たるねらいがあったと考え
られる。

　同じく1956年には，1948（昭和23）年制定の「教育委員会法」が廃止され，
あらたに「**地教行法**」が制定された。教育行政の民主化はこれによって一定
の後退を余儀なくされ，文部省を頂点とし，都道府県－市町村につながる縦
の関係性が復活した。

　教育内容面においては，改訂された学習指導要領にそれまでとは大きく異
なる性格が付与された。従来「試案」とされたきた同要領について，1958
（昭和33）年に文部省は官報への「公示」をおこなった。そして，これをもっ
て同要領は，教員が従わなければならない「法的拘束性」を持つ基準教育課
程となったとの見解を示したのである。

　カリキュラムの構成においても，経験主義から系統主義へと原理的な変更

教育二法
　1954年制定。公立
学校教員の「政治的
行為」を制限し，義
務教育諸学校での教
育が「偏向」と見な
される場合には刑事
罰を科すという法律。
「教育公務員特例法
の一部を改正する法
律」「義務教育諸学
校における教育の政
治的中立の確保に関
する臨時措置法」の
二法からなる。

地教行法
　「地方教育行政の
組織及び運営に関す
る法律」。1956年の
同法制定により，教
基法（旧法）の第十
条に根拠をもつ，選
挙で選出された委員
による「公選制」の
教育委員会制度から，
地方公共団体の長が
議会の同意を得て任
命する「任命制」へ
の転換がなされた。

87

がくわえられ，客観的・科学的知識を重視した教育が強調された。また，小・中学校に「道徳の時間」の特設がなされたが，これは戦前期に国家主義イデオロギーを注入した教科「修身」を復活させようとするものとの批判も強くなされた。総じて，この改訂はその内容・形式面において，戦後の新教育のあゆみに対する，国家の立場からの否定と大きな転換を宣言したものとなった。**教科書検定制度**のあり方も，改訂を契機に一層の厳格化がなされた。

教科書検定制度
文部科学大臣が，図書を編集した民間会社による申請に基づき，同図書を調査のうえで教科用図書として認定する制度。教育内容への国家の介入やその限界という問題をめぐり，検定制度のあり方の是非は，現在においても重要な論点である。

3 高度経済成長期と教育

（1） 経済成長と人的能力開発政策の時代

1960（昭和35）年6月，日米安保条約改定をめぐり，数十万におよぶ改定反対派の市民・学生等が連日国会前に詰めかけるなど，国内の政治的対立は続いていた。

その他方，経済の面では1955～73（昭和30～48）年の20年近くの間，経済成長率が年平均10%以上という，急テンポの成長を迎えていた。成長がもたらした国内の産業構造の再編・高度化のもと，農林漁業等の第一次産業の比重は大幅に下がることとなり，変わって第二次産業，第三次産業の地位が高まった。こうした変化がもたらす新たな労働力需要への対応という要求が，産業界から強まるなか，文部省は1962（昭和37）年の白書『日本の成長と教育』において，教育を人々の能力として蓄積される経済的な投資ととらえる立場に基づき，人的能力開発政策を提唱した[7]。翌1963（昭和38）年の経済審議会答申「経済発展における人的能力開発の課題と対策」では，「能力主義」が政策用語として初めて用いられ，その徹底による学校教育の多様化の推進がうたわれた。これら当時の文書からは，経済政策の一角に，教育における能力主義・多様化政策の推進を位置づけようとする強い国家的な意思が窺われる。

（2） 後期中等教育・高等教育の拡充と多様化

1961（昭和36）年度からは，「優れた人材の早期発見」「人材の社会的分布状況を把握する」などの目的を掲げた**全国学力調査**が中学2・3年生全員を対象に実施された。さらに後期中等教育以降の学校体系の見直しや多様化も進められた。

1966（昭和41）年，中教審は「後期中等教育の拡充整備について」[8]を答申し，適性・能力に応じた高校の学科の多様化などを提案した。高校等への進学率が1955（昭和30）年の約42%から，1970（昭和45）年には約82%へと上

全国学力調査
1956年度より全国の小・中・高校の児童生徒を対象に実施された学力調査，1961年度から中学2・3年生が悉皆調査の対象となる。競争の過熱化などが問題視され，1964年度をもって中止とされたが，2007年に「全国学力・学習状況調査」として復活。

昇するなか、多様化を意図した文部省・地方教育行政当局は、普通科よりも、産業的な要請の大きい職業科に重心をおいた高校増設を進めた。また1961（昭和36）年には、あらたに高等専門学校が制度化された。

大学・短期大学への進学率は、1955（昭和30）年の約10％であったものが1970（昭和45）年には約23％となるなど、その大衆化へと向かう時代的な転換点を迎え、これに戦後のベビーブーム世代の入学時期が重なることで、高等教育の量的拡大が進行していった。そしてその主な受け皿として、文系を中心とする私立大学の増設・定員増が図られた。同時に科学技術振興の観点から、国立大学の理工系学部拡充も推進された。このように産業界や国家の政策的な関心が高等教育に注がれるなか、世界・社会の変化に直面する大学のあり方を問う声が学生層の間で高まり、1960年代半ばからは全国的に「大学闘争」のうねりが大きな広がりを見せた。

高度経済成長の時代、国家・産業界が主導する政策とのかかわりのなかで高学歴化が進展した一方、学校教育制度は能力主義的な多様化と競争の原理に基づく人材の養成・配分機関としての性格を強めていった。それとともに、この時期、人々の間では職業や経済的処遇と学歴との結びつき・格差が以前よりも明瞭に認識されることで、一層の高い学歴を求める学歴主義とそれに

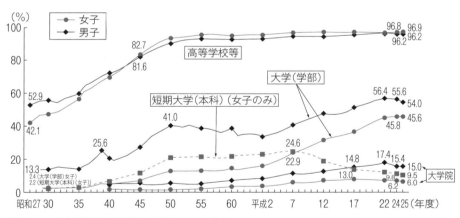

(注) 1. 文部科学省「学校基本調査」より作成。
2. 高等学校等：中学校卒業者及び中等教育学校前期課程修了者のうち、高等学校等の本科・別科、高等専門学校に進学した者の占める割合。ただし、進学者には、高等学校の通信課程（本科）への進学者を含まない。
3. 大学（学部）、短期大学（本科）：過年度高卒者等を含む。大学学部・短期大学本科入学者数（過年度高卒者等を含む。）を3年前の中学卒業者及び中等教育学校前期課程修了者数で除した割合。ただし、入学者には、大学又は短期大学の通信制への入学者を含まない。
4. 大学院：大学学部卒業者のうち、直ちに大学院に進学した者の割合（医学部、歯学部は博士課程への進学者）。ただし、進学者には、大学院の通信制への進学者を含まない。

図10-2　学校種類別進学率の推移

出典：内閣府男女共同参画局『男女共同参画白書（概要版）平成26年版』
　　　http://www.gender.go.jp/about_danjo/whitepaper/h26/gaiyou/html/honpen/b1_s05.html

4 国家による教育改革のこころみ

（1）「第三の教育改革」に向けた政策提言

1971（昭和46）年，中央教育審議会は「今後における学校教育の総合的な拡充整備のための基本的施策について」を答申[9]した。この「**46答申**」は，近い将来における後期中等教育・高等教育の普及率を，それぞれ9割，3割と見通しつつ，教育の量的な拡張に伴う質的な変化への対応を目指すとするものであった。より具体的には，6・3・3制という初等・中等教育の学校体系を抜本的に見直すこと，教員の養成・研修・待遇の改革，生涯教育の導入，幼稚園教育や特殊教育の改革等が挙げられ，戦後教育改革とならぶ規模の「第三の教育改革」が謳われた。

1984（昭和59）年には，「戦後政治の総決算」を掲げる中曽根首相のもと，内閣直属の臨時教育審議会が設置された。同審議会は，3年間に及ぶ活動期間に4度の答申をおこない，そこに示された提言は社会的にも大きな注目を集めた。おりしもこの時期，「教育荒廃」とも呼ばれる学校内部の日常的なあり方が問われるさまざまな問題（受験競争の激化，青少年非行，校内暴力，いじめ，体罰，不登校など）が深刻化していた。臨教審内の論議の重点のひとつは，これらを歴史的に形成されてきた学校制度の硬直性がもたらす「制度疲労」に起因するものととらえ，学校教育に対する国家の保障・関与を弱める「教育自由化」を解決の処方箋とするところにあった。しかし，こうした「自由化」の議論は，当時の行財政改革──公的部門の縮小と「民営化」の推進という政府の政策対象に教育を強引にあてはめるものという社会的批判が強く，臨教審（臨時教育審議会）内の異論[10]もあり最終的には「個性重視」と言い換えられることになった。ただ，この「自由化」論は，公教育に市場的競争や自己責任の論理を積極的に導入する国家的な論議のさきがけとなり，その後に大きな影響を残した。最終答申では，改革の原則として「個性重視の原則」「**生涯学習**体系への移行」「変化への対応」が挙げられ，その後の教育改革を方向づけていくこととなった。

（2）「ゆとり」と「生きる力」を掲げた教育改革

1990年代においても，引き続き学校・教育をめぐる改革の論議が進められるなか，「ゆとり」という用語が政策的に注目されはじめた。もとより，

46答申
同答申後，結果としては，大規模な学校体系の見直しは実現しなかったものの，幼稚園・特殊教育等の拡充方策とともに，質的改善の方策としての教員施策の実施や，学校教育の能力主義に基づく多様化が実行された。

生涯学習
人々の生涯にわたる自主的な教育・学習の機会を，社会のあらゆる場所に準備しようとする思想・政策。1965年にユネスコにおいて提案され，世界的な広がりを見せた。1980年代以降，公的には「生涯教育」に替えて「生涯学習」という言葉が主に使われている。

「ゆとりと充実」に言及した 1977（昭和 52）年改訂の学習指導要領の以前から，抽象的知識の量的な「詰め込み」に終始しがちな学校教育の実態と「受験学力」をめぐる競争主義からの脱却は改革のテーマとされていた。その流れのうえに，この時期の教育改革の中心的なキーワードとして「ゆとり」を打ち出したのが，1996（平成 8）年の中教審答申「21 世紀を展望した我が国の教育の在り方について」[11] であった。自ら課題を見つけ，自ら課題を考え，自ら問題を解決していく資質や能力を「生きる力」と定め，その育成のために，子どもたちの生活へ「ゆとり」をもたらすべきというのが同答申に示された基本的な見地である。これに基づき，「学校週 5 日制」，「総合的な学習の時間」，「中高一貫教育」，「授業内容・時間の削減」等の一連の改革が，1990 年代後半～2000 年代にかけて実施されていった。だが，「学力観」の転換とそれに基づく「ゆとり教育」改革のこころみは，社会的なコンセンサスの形成と準備が不十分なままに実行され，さらには経済的な不況・格差の拡大など時代状況に急激な変化が生じたことから，2000 年代初頭の国際的な学力調査の「低迷」などを契機に「学力低下」の原因との批判にさらされることとなった。これに対し文部科学省（2001 年，文部省から組織改編）は，2002（平成 14）年の**「学びのアピール」**[12] や 2003（平成 15）年の「学習指導要領一部改訂」によって，軌道修正を図った。

（3）　教育基本法改正と教育改革の現在

　2006（平成 18）年には，1947 年制定の教育基本法が改正されるに至った。改正は，首相の私的な諮問機関「教育改革国民会議」（2000～2001 年）の報告を直接的な契機とし，これを中教審が引き継ぐかたちで「新しい時代にふさわしい教育基本法と教育振興基本計画について」を 2003（平成 15）年に答申することによって，その道筋がつけられた。改正のポイントは多岐に渡るが，とくに前文から第 2 条において繰り返される「○○の態度」「○○の精神」といった多数の徳目の列挙が，たいへん特徴的である。すなわち，これにより国民（子どもだけではなく）の価値観や心のありようが具体的に法定されたのであった。本来，法律とは人の行為を規制するものであり，改正による個人の内面への法的規制，つまり国家による「心の支配」[13] には強い疑問が生じざるを得ない。さらに徳目のひとつとして「愛国心」が挙げられたことを含め，現行憲法との整合性という観点からも，この改正の意味は今なお問い直されていくべきだと考えられる。

　教育基本法改正は，その後の教育改革の動向に深くかかわっていった。そうした近年の動向のなかには，2007（平成 19）年の「全国学力調査」の復活，

学びのアピール

　正式名称は「確かな学力向上のための 2002 アピール『学びのすすめ』」。2003 年のあらたな学習指導要領実施を前に，同アピールは「確かな学力」「発展的学習」などを強調した。

2008（平成20）年の「学習指導要領改訂」，2014（平成26）年の「教科書の検定基準の改正」，2018〜2019（平成30〜31）年実施予定の「道徳の教科化」等々，本章や後章でとりあげてきたトピックと内容的に重なるものが多い。歴史的な出来事と論議を踏まえつつ，こうした改革方策への評価を冷静におこなっていくことが，今こそ大切になっているのではないだろうか。

【引用・参考文献】

1）村井実『全訳解説「アメリカ教育使節団報告書」』講談社，1979年

2）尾崎ムゲン『日本の教育改革——産業化社会を育てた130年』中央公論新社，1999年，p. 170

3）海老原治善『戦後日本教育理論小史』国土社，1988年，pp. 64-67

4）久保義三他『現代教育史事典』東京書籍，2001年，p. 13

5）池内正史『1950年代初頭における「偏向教育」問題と教員処分体制の構築：武佐中・旭丘中の教員処分事件を中心として』京都精華大学紀要39号，2011年

6）久保義三『昭和教育史（下巻）——天皇制と教育の史的展開　戦後篇』三一書房，1994年，pp. 360-372

7）文部省調査局「日本の成長と教育——教育の展開と経済の発達」1962年，http://www.mext.go.jp/b_menu/hakusho/html/hpad196201/index.html（2017年11月15日閲覧）

8）中央教育審議会答申「後期中等教育の拡充整備について」1966年，http://www.mext.go.jp/b_menu/shingi/chuuou/toushin/661001.htm（2017年11月15日閲覧）

9）中央教育審議会答申「今後における学校教育の総合的な拡充整備のための基本的施策について」1971年，http://www.mext.go.jp/b_menu/shingi/old_chukyo/old_chukyo_index/toushin/1309492.htm（2017年11月15日閲覧）

10）前掲6），pp. 483-487

11）中央教育審議会答申「21世紀を展望した我が国の教育の在り方について——子供に［生きる力］と［ゆとり］を（第一次答申）」1996年，http://www.mext.go.jp/b_menu/shingi/old_chukyo/old_chukyo_index/toushin/attach/1309634.htm（2017年11月15日閲覧）

12）文部科学省「確かな学力向上のための2002アピール『学びのすすめ』」2002年，http://www.mext.go.jp/a_menu/shotou/actionplan/03071101/008.pdf（2017年11月15日閲覧）

13）岡村達雄『教育基本法「改正」とは何か——自由と国家をめぐって』インパクト出版会，2004年，pp. 35-37

お薦めの参考図書

① 山本正身『日本教育史——教育の「今」を歴史から考える』慶應義塾大学出版会，2014年

② 尾崎ムゲン『日本の教育改革——産業化社会を育てた130年（中公新書）』中央公論新社，1999年

③ 久保義三『昭和教育史（上・下巻）——天皇制と教育の史的展開』三一書房，1994年

④ 布村育子『迷走・暴走・逆走ばかりのニッポンの教育——なぜ，改革はいつまでも続くのか？』日本図書センター，2013年

⑤ 佐藤博志・岡本智周『「ゆとり」批判はどうつくられたのか——世代論を解きほぐ

す』太郎次郎社エディタス，2014 年

⑥ 岡村達雄『教育基本法「改正」とは何か──自由と国家をめぐって』インパクト出版

会，2004 年

▶第3部◀

現代の教育課題

第11章 学習指導要領の変遷

1 学習指導要領とは

　学習指導要領は，「全国のどの地域で教育を受けても，一定の水準の教育を受けられるようにする」ために，「学校教育法等に基づき，各学校で教育課程（カリキュラム）を編成する際の基準」[1]として，文部科学省が**告示**，文部科学大臣が**公示**するものである。ここでいう各学校とは，**学校教育法第1条**に掲げる学校種のうち，小学校・中学校・高等学校，中等教育学校，特別支援学校（小学部・中学部・高等部）のことであり，学習指導要領は，国立・公立・私立のいずれにおいても適用される。本節では，関係法令について整理する。

　学校教育法は，教育課程の根拠を示すものである。第33条では，「小学校の教育課程に関する事項は，**第29条**（教育の目的）及び**第30条**（教育の目標）の規定に従い，文部科学大臣が定める」とあり，他の学校種には準用規程がある（中学校：48条，高等学校：52条，中等教育学校：68条，特別支援学校：77条）。

　一方，学校教育法施行規則は，教育課程の基準を定めたものである。第50条では，「小学校の教育課程は，国語，社会，算数，理科，生活，音楽，図画工作，家庭及び体育の各教科，特別の教科道徳，外国語活動，総合的な学習の時間並びに特別活動によって編成するものとする」とあり，第2項では，私立小学校においては「宗教をもって前項の道徳に代える」ことができるとされている。また，第51条では，教育課程における総授業時数は，「別表第一に定める授業時数を標準とする」とある。さらに，第52条では，「小学校の教育課程については，この節に定めるもののほか，教育課程の基準として文部科学大臣が別に公示する小学校学習指導要領によるものとする。」とあり，法令と学習指導要領によって，教育課程の基準が示されていることを明記している。これらの条文にも，それぞれ**準用規程**がある（中学校：74条，高等学校：84条，中等教育学校：109条，特別支援学校：129条）。以上のことから，学習指導要領には**法的拘束力**があると考えられている。

　なお，文部科学省は，学習指導要領の内容を明確に示し，教員向けに一定水準の解釈を担保するために，学習指導要領解説を発行している。これは，学習指導要領の内容を教員に周知・徹底するためのものであり，改訂に合わ

告示
公示
学校教育法第1条
　この法律で，学校とは，幼稚園，小学校，中学校，義務教育学校，高等学校，中等教育学校，特別支援学校，大学及び高等専門学校とする。
学校教育法29条
　小学校は，心身の発達に応じて，義務教育として行われる普通教育のうち基礎的なものを施すことを目的とする。
学校教育法第30条1項
　小学校における教育は，前条に規定する目的を実現するために必要な程度において第21条各号に掲げる目標を達成するよう行われるものとする。
学校教育法第30条2項
　前項の場合においては，生涯にわたり学習する基盤が培われるよう，基礎的な知識及び技能を習得させるとともに，これらを活用して課題を解決するために必要な思考力，判断力，表現力その他の能力をはぐくみ，主体的に学習に取り組む態度を養うことに，特に意を用いなければならない。
準用規程
法的拘束力

せて作成されるが,「法的拘束力のない文部科学省の著作物」という位置づけとなっている。また,幼稚園,特別支援教育幼稚部,認定こども園においては,学習指導要領に相当するものとして,**幼稚園教育要領**があり,保育所においては,**保育所保育指針**がある。

幼稚園教育要領
保育所保育指針

2 学習指導要領の構成と内容

学習指導要領の構成は,学校種によって共通点と相違点がある。本節では,平成29年3月改訂後の最新版学習指導要領について,学校種別にその概要を整理した。

(1) 小学校学習指導要領(平成29年3月改訂)[2]

小学校学習指導要領は,前文と6章からなり,5領域で構成されている。

前文では,**教育基本法第1条(教育の目的)**,および**第2条(教育の目標)**について述べている。そして,「一人一人の児童が,自分のよさや可能性を認識するとともに,あらゆる他者を価値のある存在として尊重し,多様な人々と協働しながら様々な社会的変化を乗り越え,豊かな人生を切り拓き,持続可能な社会の創り手となる」ためには,「各学校において教育の内容等を組織的かつ計画的に組み立てた」教育課程を編成すること,「それぞれの学校において,必要な学習内容をどのように学び,どのような資質・能力を身に付けられるようにするのか」を明確にしながら,「社会に開かれた教育課程の実現」が重要であることを示している。また,改めて学習指導要領は,「教育課程の基準を大綱的に定めるもの」であるとし,「公の性質を有する学校における教育水準を全国的に確保する」ことを目的としたものであることを示している。そして,「児童が学ぶことの意義を実感できる環境を整え,一人一人の資質・能力を伸ばせるようにしていくことは,教職員をはじめとする学校関係者はもとより,家庭や地域の人々も含め,様々な立場から児童や学校に関わる全ての大人に期待される役割」であること,「幼児期の教育の基礎の上に,中学校以降の教育や生涯にわたる学習とのつながりを見通しながら,児童の学習の在り方を展望していくために広く活用されるもの」として,学習指導要領の社会的な位置づけについて,明記している。

教育基本法第1条
(教育の目的)
第2条(教育の目標)

この前文をふまえて,第1章総則では,1)小学校教育の基本と教育課程の役割,2)教育課程の編成,3)教育課程の実施と評価,4)児童の発達支援,5)学校運営上の配慮事項,6)道徳教育に関する配慮事項が示されている。これ以降の章では,各教科・領域ごとに,その具体的な目標,内容,

内容の具体的な取扱いが示されている。

　第2章各教科は，国語，社会，算数，理科，生活，音楽，図画工作，家庭，体育，外国語の10教科の節で構成されている。各節冒頭には教科目標，各学年の目標及び内容，指導計画の作成と内容の取扱いが示されている。第3章特別の教科道徳，第4章外国語活動，第5章総合的な学習の時間，第6章特別活動の各章においても，各教科と同様の節・アウトラインで構成されている。

（2）　中学校学習指導要領（平成29年3月改訂）[3]

　中学校学習指導要領は，前文と5章からなり，4領域で構成されている。これは，小学校学習指導第4章であった外国語活動が，中学校では各教科外国語に含まれるため，第4章が総合的な学習の時間，第5章が特別活動という章立てになっている。前文以下，第5章特別活動までの構成は，ほぼ小学校学習指導要領を踏襲したものであり，生徒の心身の発達段階に応じた，具体的な教育目標・内容が示されている。また，中学校学習指導要領では，「児童」ではなく，「生徒」という言葉が用いられている。

（3）　高等学校学習指導要領（平成21年改訂）[4]

　高等学校学習指導要領は，冒頭に教育基本法，学校教育法（抄），学校教育法施行規則（抄），別表第3（各教科及び各教科に属する科目）など関係法令が示されている。そして，第1章総則，第2章各学科に共通する各教科，第3章主として専門学科において開設される各教科，第4章総合的な学習の時間，第5章特別活動，最後に附則という構成である。さらに第1章総則では，1）第1款：教育課程編成の一般方針，2）第2款：各教科・科目及び単位数等，3）第3款：各教科・科目の履修等，4）第4款：各教科・科目，総合的な学習の時間及び特別活動の授業時数等，5）第5款：教育課程の編成・実施に当たって配慮すべき事項，6）第6款：単位の修得及び卒業の認定，について示されている。

　高等学校の教育課程は第2章から第5章に示されている各教科・科目，総合的な学習の時間，特別活動の3領域で構成されている。なお，2018（平成30）年3月に，全面改訂予定である。

（4）　特別支援学校幼稚部教育要領，特別支援学校小学部・中学部学習指導要領，特別支援学校高等部学習指導要領（平成21年改訂）[5]

　特別支援学校幼稚部教育要領および特別支援学校小学部・中学部学習指導要領，特別支援学校高等部学習指導要領は，高等学校学習指導要領と同様，

冒頭に教育基本法，学校教育法（抄），学校教育法施行規則（抄），別表など関係法令が示されている。そして，各学校部ごとに章立てが示されている。

幼稚部教育要領は，幼稚園教育要領の内容に準拠し，障がい特性や程度による指導および配慮の基準を示しており，1）第1章総則，2）第2章ねらいおよび内容等，3）第3章指導計画の作成に当たっての留意事項で構成されている。

小学部・中学部学習指導要領は，小学校・中学校学習指導要領の内容に準拠し，1）第1章総則，2）第2章各教科，3）第3章道徳，4）第4章外国語活動，5）第5章総合的な学習の時間，6）第6章特別活動，7）第7章**自立活動**の6領域で構成されている。なお，高等部学習指導要領は，小学部・中学部第4章外国語活動が各教科に含まれるため，5領域で構成されている。

自立活動
小学部自立活動の目標は，「個々の児童又は生徒が自立を目指し，障害による学習上又は生活上の困難を主体的に改善・克服するために必要な知識，技能，態度及び習慣を養い，もって心身の調和的発達の基盤を培う。」とある。中・高等部においても概ねこれを準拠している。

ポツダム宣言

新日本建設の教育方針

四大指令

3 学習指導要領の歴史的変遷

（1） 学習指導要領一般編（試案）に至る経緯

文部科学省「学制百二十年史：第二編戦後教育改革と教育制度の発展第1章戦後の教育改革概説」[6]によると，**ポツダム宣言**の受諾によって，日本は敗戦国として連合国の占領政策下に置かれることになった。文部省は，1945（昭和20）年8月16日には学徒動員の解除を通知し，24日には，学校教練・戦時体練・学校防空関係の諸法令が廃止された。そして，9月中旬頃の学校再開を指示し，教科書から戦時教材・内容を削除し（いわゆる墨塗り教科書），疎開学童の復帰についての通知を行い，同年9月には，「**新日本建設の教育方針**」を新聞紙上に発表した。これは，日本の戦後教育についての文部省の方針であった。

> 今後ノ教育ハ益々国体ノ護持ニ努ムルト共ニ軍国的思想及施策ヲ払拭シ平和国家ノ建設ヲ目途トシテ謙虚反省只管国民ノ教養ヲ深メ科学的思考力ヲ養ヒ平和愛好ノ念ヲ篤クシ智徳ノ一般水準ヲ昂メテ世界ノ進運ニ貢献スル

しかし，戦後の教育政策はGHQの管理下におかれ，明治時代以降戦前の子ども観や教育制度とその内容（第9章2節参照）の清算と，民主主義的な国家を形成するために，いわゆる「**四大指令**」による教育へと方針転換（第10章1節参照）が図られた。このような経緯をふまえて，1947（昭和22）年3月20日，学習指導要領（試案）は，教育の「手引き」という位置づけで策定された。以降，ほぼ10年に1度の割合で全面改訂および一部改訂が行われている。本節では改訂年度ごとの概要を示す。

第 11 章　学習指導要領の変遷

（2）　学習指導要領「一般編」「各教科」（試案）1947（昭和 22）年

アメリカの「Course of Study」を基に，デューイらの**児童中心主義・経験主義的な教育理念**とカリキュラム（第 7 章 2 節参照）を反映した内容で，「一般編」と「各教科」から構成されている（第 10 章 2 節参照）。「小学校学習指導要領一般編」における教科は，「国語，社会，算数，理科，音楽，図画工作，家庭，体育および自由研究」であった。一方，従来の教育課程である「**教授要目**」および「**教授細目**」にあった「修身」，「国史（歴史）」，「地理」は廃止され，「社会科」が新設された。また，小学校では，「家庭科」が，中学校では「職業科」が新設された。さらに，小学校 4 年生以上においては「**自由研究**」が新設された。

「社会科」の目標は，「青少年が自分たちの社会に正しく適応できるように，またその中で望ましい人間関係を育成していけるように，進んでは自分たちの属する共同社会を進歩向上させることができるように社会生活を理解させ，社会的態度や社会的能力を養う」[7]ことであった。

Course of Study
児童中心主義・経験
　主義的な教育理念

教授要目

教授細目

自由研究

（3）　第 1 次改訂 1951（昭和 26）年

1947（昭和 22）年版学習指導要領「一般編」「各教科」の基本方針，内容を踏襲しつつ，教育基本法・学校教育法による新しい学校制度改革をふまえた新学制（義務教育年限 9 年，いわゆる 6・3 制）に適合する内容へと改訂された。具体的には，「自由研究」は廃止され，小学校に「**教科以外の活動**」，中学校と高等学校に「**特別教育活動**」が置かれた。また，中学校「体育」は「保健体育」に，「職業科」は「職業・家庭科」となった。

教科以外の活動

特別教育活動

（4）　高等学校第 2 次改訂 1956（昭和 31）年

1951（昭和 26）年高等学校学習指導要領「一般編」の改訂である。この改訂の目的は，高等学校教育を「完成教育」と位置づけ，「教育課程は各課程の特色を生かした教育を実現することを眼目として編成」することであった。具体的には，「普通課程においては，教育課程の類型を設け，これにより生徒の個性や進路に応じ，上学年に進むにつれて分化した学習」を行うこと，各教科・科目の構成・単位数に幅を持たせたコース制を導入した[8]。

（5）　小・中学校第 2 次改訂 1958（昭和 33）年，高等学校第 3 次改訂 1960（昭和 35）年

小・中学校 1951（昭和 26）年，および高等学校 1956（昭和 31）年学習指導要領の改訂である。この改訂の目的は，戦後の新教育の潮流となった経験主

第3部　現代の教育課題

系統性を重視した教育課程

義・単元主義批判をふまえて，各教科・科目の**系統性を重視した教育課程**を編成することにあった。また，教育の機会均等および水準を確保，国民の基礎学力の充実，科学技術教育の振興のために，理数教育を拡充することが求められていた。

　そこで，学校教育法施行規則の一部が改正（同法第52条・第74条・第84条・第109条・第129条）され，学習指導要領は文部省（現文部科学省）が告示，文部大臣（現文部科学大臣）が公示する，教育課程の国家的基準として法的拘束力を持つものと位置づけられるようになった。この改訂の主な特徴は，以下の通りである[9]。

1）道徳の時間の特設（小・中学校）および高等学校「倫理社会」新設（必修）
2）各教科・科目の内容の再検討と授業時数の増加，最低授業時数の明示
3）科学技術教育の向上を図るための算数，理科教育の充実
4）地理，歴史教育の充実と改善
5）情操の陶冶，身体の健康，安全の指導を充実
6）各教科の目標及び指導内容を精選し，基本的な事項の学習の重点化

　また，この改訂において特設された道徳教育については，以下のように記されている。この内容は，2017（平成29）年改訂における，「**特別の教科道徳**」の基本理念にも相当するものでもある。

特別の教科道徳

• 学校における道徳教育は，本来，学校の教育活動全体を通じて行うことを基本とする。したがって，道徳の時間はもちろん，各教科，特別教育活動および学校行事等学校教育のあらゆる機会に，道徳性を高める指導が行われなければならない。
• 道徳教育の目標は，教育基本法および学校教育法に定められた教育の根本精神に基く。すなわち，人間尊重の精神を一貫して失わず，この精神を，家庭，学校，その他各自がその一員であるそれぞれの社会の具体的な生活の中に生かし，個性豊かな文化の創造と民主的な国家および社会の発展に努め，進んで平和的な国際社会に貢献できる日本人を育成することを目標とする。
• 道徳の時間においては，各教科，特別教育活動および学校行事等における道徳教育と密接な関連を保ちながら，これを補充し，深化し，統合し，またはこれとの交流を図り，児童の望ましい道徳的習慣，心情，判断力を養い，社会における個人のあり方についての自覚を主体的に深め，道徳的実践力の向上を図るように指導するものとする。

（6）　小・中学校第3次改訂小学校1968（昭和43）年，中学校1969（昭和44）年，高等学校第4次改訂1970（昭和45）年

　小・中学校1958（昭和33）年，および高等学校1960（昭和35）年学習指導要領の改訂である。この改訂の背景にあったのは，高度経済成長期にともな

う国民生活の質的向上，**東京オリンピック**および**大阪万国博覧会開催**を控えた文化・社会情勢のめざましい変化や国際化の潮流である。そのため，この改訂の目的は，教育内容の量・質的な一層の向上を図り，社会的時代的な要請に対応することであり，いわゆる「教育の現代化」がはかられた。

そこで，1967（昭和42）年教育課程審議会「小学校，中学校の教育課程の改善について」答申，および1968（昭和43）年学校教育法施行規則の一部改正をふまえて改訂された。この改訂の主な特徴は，以下の通りである[10]。

1）教育基本法及び学校教育法の示すところに基づいて人間形成における基礎的な能力の伸長を図り，国民育成の基礎を養う

2）各教科・科目の授業時数は，最低時数から標準時数として示す

3）理数系教科・科目における教育内容の現代化：教科・科目の構造をふまえた系統性のある教育課程の編成，および探索的・発見的な学習プログラムを反映した内容を示す

4）子どもの心身の発達段階を考慮した上で有効かつ適切な基本的な教育内容の精選

（7）　小・中学校第4次改訂 1977（昭和52）年，高等学校第5次改訂 1978（昭和53）年

小学校1968（昭和43）年，中学校1969（昭和44）年，高等学校1970（昭和45）年学習指導要領の改訂である。この改訂の背景にあったのは，高等学校進学率が90％超となったことへの対応，教育課程の知識偏重に対する批判があり，子どもの**「知・徳・体」の調和的発達**をどのように育むのか，ということが課題になっていた。

そこで，1976（昭和51）年教育課程審議会答申「小学校，中学校及び高等学校の教育課程の改善について」において，1）人間性豊かな児童生徒を育てること，2）ゆとりのあるしかも充実した学校生活が送れるようにすること，3）国民として必要とされる基礎的・基本的な内容を重視するとともに児童生徒の個性や能力に応じた教育が行われるようにすることの3点をふまえて，1977（昭和52）年学校教育法施行規則の一部を改正，改訂された。この改訂の主な特徴は，以下の通りである[11]。

1）ゆとりと充実：学校教育法施行規則の一部改正により，各学校種とも授業時数を1割削減，授業内容の大幅な削減，「ゆとりの時間」の新設

2）教育課程の基準の大綱化・弾力化：各教科・科目の基礎的・基本的な事項・内容の確実な修得を図るために教育内容を精選

①　小学校から高等学校までの教育課程・指導内容の一貫性と学習の適時性を

第3部　現代の教育課題

考慮した各学年段階間の指導内容の再配分と精選,
② 各学年にわたって取り扱うことになっていた指導内容の集約化,
③ 各教科・科目の指導内容の領域区分を整理統合,
④ 各教科・科目目標の中核化および指導事項を基礎的・基本的なものに精選

（8） 小・中学校第5次改訂1989（平成元）年，高等学校第6次改訂1989（平成元）年

　小・中学校1977（昭和52）年，高等学校1978（昭和53）年学習指導要領の改訂である。この改訂の背景にあったのは，科学技術の急速な進歩と経済的な発展による「モノの豊かさ」における価値観の変化である。また，**情報化・国際化**の進展，**核家族化**による家族構造の変化や**少子高齢化**といった社会構造そのものの変化は，加速・拡大化する傾向にあり，このような社会の変化に対応する観点から，教育内容の見直しを行うことが求められていた。

　そこで，1987（昭和62）年教育課程審議会答申「幼稚園，小学校，中学校及び高等学校の教育課程の基準の改善について」において，1）豊かな心をもち，たくましく生きる人間の育成を図ること，2）自ら学ぶ意欲と社会の変化に主体的に対応できる能力の育成を重視すること，3）国民として必要とされる基礎的・基本的な内容を重視し，個性を生かす教育の充実を図ること，4）国際理解を深め，我が国の文化と伝統を尊重する態度の育成を重視することの4点をふまえて，1989（平成元）年学校教育法施行規則の一部を改正，改訂された。この改訂の主な特徴は，以下の通りである[12]。

> 1）生涯学習の基盤を培うという観点から，21世紀を目指し社会の変化に自ら対応できる心豊かな人間の育成を図る（「生きる力」の育成）
> 2）個性尊重の教育を目指すために，小・中学校での授業時数の弾力的運用，中・高等学校での選択履修幅の拡大
> 3）小学校低学年での，理科，社会科の廃止，および「生活科」の新設
> 4）特別活動儀式的行事などでの，国旗・国歌の取り扱いの明示
> 5）中学校「技術・家庭科」の編成に「情報基礎」を追加
> 6）高等学校「社会科」を，「地理歴史科」と「公民科」に再編成，「世界史」を必修
> 7）高等学校「家庭科」を男女必修

（9） 小・中学校第6次改訂1998（平成10）年，高等学校第7次改訂1999（平成11）年

　小・中・高等学校1989（平成元）年学習指導要領の改訂である。この改訂の背景にあったのは，1997（平成9）年中央教育審議会「21世紀を展望した

第 11 章　学習指導要領の変遷

我が国の教育の在り方について」（一次答申・二次答申）である[13]。この答申
では，「生きる力」とは，以下 3 点からなる概念であると明記している。また
「生きる力」を育むために，完全学校週 5 日制の導入，教育内容のさらなる
厳選についても提言している。

> 1 ）いかに社会が変化しようと，自分で課題を見つけ，自ら学び，自ら考え，主
> 体的に判断し，行動し，よりよく問題を解決する資質や能力
> 2 ）自らを律しつつ，他人とともに協調し，他人を思いやる心や感動する心など，
> 豊かな人間性
> 3 ）たくましく生きるための健康や体力

　この答申をふまえて，1998（平成 10）年教育課程審議会答申「幼稚園，小
学校，中学校，高等学校，盲学校，聾学校及び養護学校の教育課程の基準の
改善について」においては，1 ）豊かな人間性や社会性，国際社会に生きる
日本人としての自覚の育成を重視する，2 ）多くの知識を一方的に教え込む
教育を転換し，子どもたちの自ら学び自ら考える力の育成を重視する，3 ）
ゆとりのある教育活動を展開する中で，基礎・基本の確実な定着を図り，個
性を生かす教育の充実を図る，4 ）各学校が創意工夫を生かし特色ある教育，
特色ある学校づくりを進めることの 4 点をふまえて，1998（平成 10）年学校
教育法施行規則の一部を改正，改訂された。この改訂の主な特徴は，以下の
通りである[14]。

> 1 ）学校完全 5 日制の実施と「生きる力」の育成：各学校種とも授業時数の大幅
> 削減
> 　小・中学校：年間 70 単位時間削減
> 　高等学校：要卒業単位数を 80 単位から 74 単位に削減
> 2 ）各学校種とも，教育内容の一律 3 割削減
> 3 ）各学校種「総合的な学習の時間」の新設
> 4 ）中・高等学校特別活動におけるクラブ活動の廃止
> 5 ）中学校「外国語科」の必修化（英語履修原則）
> 6 ）高等学校「情報科」の新設・必修化
> 7 ）高等学校「学校認定教科・科目」の新設
> 8 ）盲・聾・養護学校「養護・訓練」を「自立活動」に改編

（10）　小・中学校第 7 次改訂 2008（平成 20）年，高等学校第 8 次改訂 2009（平成 21）年

　小・中学校 1998（平成 10）年，高等学校 1999（平成 11）年学習指導要領の
改訂である。この改訂の背景にあったのは，教育基本法（平成 18 年法律第

第3部　現代の教育課題

OECD による学力調査
（PISA: Programme
for International
Student Assess-
ment）

120 号）をはじめとした教育関係法令の改正，**OECD による学力調査（PISA:
Programme for International Student Assessment）**[15] 結果における日本の子ど
もの学力低下傾向に対する懸念であった。

　そのため，2003（平成 15）年には，文部科学省「小学校，中学校，高等学
校の学習指導要領の一部改正について（通知）」をふまえて，一部改正が行わ
れた。この一部改正の趣旨は，「学習指導要領に示す基礎的・基本的な内容
の確実な定着を図るとともに，各学校の裁量により創意工夫を生かした特色
ある取組を行うことによって，児童生徒に，知識や技能に加え，学ぶ意欲や，
自分で課題を見付け，自ら学び，主体的に判断し，行動し，問題を解決する
資質や能力などの確かな学力を育成し，生きる力をはぐくむという新学習指
導要領のねらいの一層の実現を図る」[16] ことであった。このような経緯をふ
まえて，2007（平成 19）年学校教育法施行規則の一部を改正，改訂された。
この改訂の主な特徴は，以下の通りである[17]。

1）教育基本法改正等で明確になった教育の理念を踏まえ，「生きる力」を育むた
　めに，基礎的・基本的な知識・技能の習得，思考力・判断力・表現力等の育成，
　学習意欲の向上等，豊かな心や健やかな体の育成
2）知識・技能の習得と思考力・判断力・表現力等の育成のバランスを重視，授
　業時数を増加
3）道徳教育や体育などの充実により，豊かな心や健やかな体を育成
4）授業時数の増加（小学校：国語・社会・算数・理科・体育の授業時数を 10％程度
　増加，週当たりのコマ数を低学年で週 2 コマ，中・高学年で週 1 コマ増加，中学校：
　国語・社会・数学・理科・外国語・保健体育の授業時数を実質 10％程度増加，週当た
　りのコマ数を各学年で週 1 コマ増加）
5）教育内容の充実（言語活動・理数教育・伝統や文化に関する教育・道徳教育・外国
　語教育）

（11）　小・中学校第 8 次改訂 2017（平成 29）年[18]

ブロードバンドネッ
　トワーク
スマートフォン
人工知能
（AI: Artificial Intelli-
gence）
グローバル化

　小・中学校 2008（平成 20）年学習指導要領の改訂である。この改訂の背景
にあったのは，**ブロードバンドネットワークやスマートフォン，人工知能
（AI: Artificial Intelligence）**に代表される大容量情報ネットワーク化や，**グロー
バル化**などの急速な進展である。そして，学校教育においては，これらの社
会的変化の著しい未来社会における「創り手」を育成することが求められて
いる。また，基礎的な知識や技能の習得・活用・探究を通じて，子どもがす
でに持っている経験や，その他のさまざまな知識と関連づけながら，深く理
解し，どのような時代でも通用する「生きて働く知識」を習得するための
「主体的・対話的で深い学び」の学習過程について実証的に探究することが

第 11 章　学習指導要領の変遷

課題となっている。

　そこで，2017（平成 29）年学校教育法施行規則の一部を改正，改訂された。
この改訂の主な特徴は，以下の通りである（詳細は本章 1 節参照）。

> 1）教育基本法，学校教育法などをふまえ，これまでの我が国の学校教育の実践
> 　や蓄積を活かし，子供たちが未来社会を切り拓くための資質・能力を一層確実
> 　に育成する。その際，子供たちに求められる資質・能力とは何かを社会と共有
> 　し，連携する「社会に開かれた教育課程」を重視する
> 2）知識及び技能の習得と思考力，判断力，表現力等の育成のバランスを重視す
> 　る現行学習指導要領の枠組みや教育内容を維持した上で，知識の理解の質をさ
> 　らに高め，確かな学力を育成する
> 3）先行する特別教科化など道徳教育の充実や体験活動の重視，体育・健康に関
> 　する指導の充実により，豊かな心や健やかな体を育成する

　以上述べてきたとおり，学習指導要領の改訂には，その時代における背景を
ふまえ，時代の要請に適合した教育課程の編成と内容が求められてきた。最
後に，これまでの改訂の歴史的変遷をまとめ（図 11-1），今回の改訂にともなう
今後の実施スケジュール（図 11-2）と，改訂の方向性（図 11-3）を以下に示す。

昭和33〜35年改訂	教育課程の基準としての性格の明確化 （道徳の時間の新設，基礎学力の充実，科学技術教育の向上等）（系統的な学習を重視） （実施）小学校：昭和36年度，中学校：昭和37年度，高等学校：昭和38年度（学年進行）
昭和43〜45年改訂	教育内容の一層の向上（「教育内容の現代化」） （時代の進展に対応した教育内容の導入）（算数における集合の導入等） （実施）小学校：昭和46年度，中学校：昭和47年度，高等学校：昭和48年度（学年進行）
昭和52〜53年改訂	ゆとりある充実した学校生活の実現＝学習負担の適正化 （各教科等の目標・内容を中核的事項に絞る） （実施）小学校：昭和55年度，中学校：昭和56年度，高等学校：昭和57年度（学年進行）
平成元年改訂	社会の変化に自ら対応できる心豊かな人間の育成 （生活科の新設，道徳教育の充実） （実施）小学校：平成 4 年度，中学校：平成 5 年度，高等学校：平成 6 年度（学年進行）
平成10〜11年改訂	基礎・基本を確実に身に付けさせ，自ら学び自ら考える力などの［生きる力］の育成 （教育内容の厳選，「総合的な学習の時間」の新設） （実施）小学校：平成14年度，中学校：平成14年度，高等学校：平成15年（学年進行）
平成15年一部改正	学習指導要領のねらいの一層の実現（例：学習指導要領に示していない内容を指導できることを明確化，個に応じた指導の例示に小学校の習熟度別指導や小・中学校の補充・発展学習を追加）
平成20〜21年改訂	「生きる力」の育成，基礎的・基本的な知識・技能の習得，思考力・判断力・表現力等の育成のバランス （授業時数の増，指導内容の充実，小学校外国語活動の導入） （実施）小学校：平成23年度，中学校：平成24年度，高等学校：平成25年度（年次進行） ※小・中は平成21年度，高は平成22年度から先行実施
平成27年一部改正	道徳の「特別の教科」化 「答えが一つではない課題に子供たちが道徳的に向き合い，考え，議論する」道徳教育への転換 （実施）小学校：平成30年度，中学校：平成31年度

図 11-1　学習指導要領改訂の変遷
出典：文部科学省 Web より引用

第3部　現代の教育課題

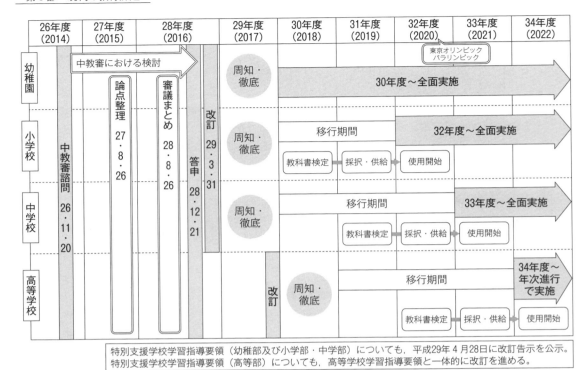

図11-2　今後の学習指導要領改訂に関するスケジュール

出典：文部科学省Webより引用[19]

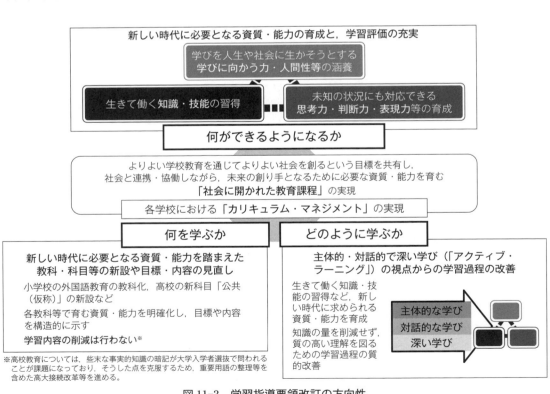

図11-3　学習指導要領改訂の方向性

出典：文部科学省Webより引用[20]

第 11 章　学習指導要領の変遷

表 11-1　学習指導要領の変遷の理解 (著者作成)

「教師のための手引書」とされ「試案」と記載	
1947（昭和 22）年版	・「試案」として位置づけられ，「教師のための手引き」とされる ・アメリカの Course of Study を手本とし，経験主義的なカリキュラムが採用される ・「社会科」（小・中学校），「自由研究」（小・中学校），「家庭科」（小学校。男女必修），「職業科」（中学校）を新設
「教育課程」という用語が初登場	
1951（昭和 26）年版	・従来の「教科課程」を「教育課程」と改称 ・「自由研究」に代わって，小学校「教科以外の活動」，中・高は「特別教育活動」を新設 ・中学校の「体育科」を「保健体育科」に，「職業科」を「職業・家庭科」と改称 ・高等学校の社会科で科目「日本史」を新設，「東洋史」と「西洋史」を統合して「世界史」を設置
教育課程の基準としての性格の明確化，「告示」形式に	
1958（昭和 33）年版 1960（昭和 35）年版	・文部省「告示」：教育課程の国家的基準としての法的拘束力を持つことを明確化 ・教科の系統性重視，科学技術教育の向上 ・道徳教育の充実強化のため，小・中学校で「道徳」の時間を特設，高等学校で「倫理・社会」を必修科目として設置
教育内容の一層の充実，「教育内容の現代化」	
1968（昭和 43）年版 1969（昭和 44）年版 1970（昭和 45）年版	・教育内容の現代化：小・中学校の算数・数学，理科を中心に教育内容を増加
ゆとりある充実した学校生活の実現（学習負担の適正化）	
1977（昭和 52）年版 1978（昭和 53）年版	・「ゆとりと充実」が強調され，授業時数を 1 割削減，指導内容を大幅に削減 ・「ゆとりの時間（学校裁量時間）」を新設 ・高等学校で「習熟度別学級編制」を導入 ・高等学校の社会科で科目「現代社会」を新設
社会の変化に自ら対応できる心豊かな人間の育成	
1989（平成元）年版	・「新しい学力観」 ・小・中学校で授業時数の弾力的運用，中・高で選択履修幅の拡大 ・中学校で「習熟度別指導」を導入 ・小学校低学年の「社会」と「理科」を統合し，「生活科」を新設 ・高等学校の「社会科」を「地理歴史科」と「公民科」に再編し，科目「世界史」を必修化 ・高等学校で「家庭科」を男女必修化 ・国旗掲揚・国歌斉唱：「指導するものとする」
基礎・基本を確実に身に付けさせ，自ら学び自ら考える力などの [生きる力] の育成	
1998（平成 10）年版 1999（平成 11）年版	・完全学校週 5 日制の全面実施に合わせ，授業時数の大幅削減と教育内容の厳選 ・「ゆとり」の中で「特色ある教育」を展開し，「生きる力」を育成 ・小学校第 3 学年以上で「総合的な学習の時間」を新設 ・小学校第 3 学年から体育で「保健」を指導 ・中・高の「特別活動」から「クラブ活動」を廃止 ・高等学校で「学校設定教科・科目」を新設 ・高等学校の必修教科として「情報科」を新設

学習指導要領のねらいの一層の実現，「基準性」	
2003（平成15）年一部改正	• 学習指導要領の「基準性」の明確化（学習指導要領は教える内容の「最低基準」） • 「生きる力」を値の側面から捉えた「確かな学力」を育成するための取り組み 「はどめ規定」は残すものの，「個に応じた指導」を一層充実させるため，小学校で習熟の程度に応じた指導，小・中学校で発展的な学習，補充的な学習を実施
「生きる力」の育成，基礎的・基本的な知識・技能の習得，思考力・判断力・表現力などの育成のバランス	
2008（平成20）年版 2009（平成21）年版	教育基本法などの改正を踏まえた改訂 • 「生きる力」という理念は継承 • 「確かな学力」を確立するために，授業時数の増加 • 基礎的・基本的な知識・技能の習得，思考力・判断力・表現力などの育成 • 言語活動，理数教育，伝統や文化に関する教育，道徳教育，体験活動の充実 • 小学校高学年で「外国語活動」を新設
道徳の教科化	
2015（平成27）年一部改正	• 「道徳」を「特別の教科　道徳」とする
社会に開かれた教育課程，主体的・対話的で深い学び，カリキュラム・マネジメント	
2017（平成29）年版	• 子どもたちに求められる資質・能力とは何かを社会と共有し，連携する「社会に開かれた教育課程」を重視 • 知識の理解の質を高め，資質・能力を育む「主体的・対話的で深い学び」を実践 • 各学校におけるカリキュラム・マネジメントの確立 • 全ての教科等を，① 知識・技能，② 思考力・判断力・表現力等，③ 学びに向かう力，人間性等の3つの柱で再整理 • 小学校中学年で「外国語活動」を前倒しして実施，高学年で「外国語科」（英語）を教科化 • 小学校でプログラミング的思考を育成 • 障がいに応じた指導，日本語の能力等に応じた指導，不登校児童生徒への指導など，児童生徒の発達の支援を充実

【引 用 文 献】

1）文部科学省「学習指導要領『生きる力』学習指導要領とは何か」http://www.mext.go.jp/a_menu/shotou/new-cs/idea/1304372.htm（2018年1月20日閲覧）

2）文部科学省『小学校学習指導要領（平成29年3月告示）』東洋館出版社，2018年

3）文部科学省『中学校学習指導要領（平成29年3月告示）』東山書房，2018年

4）文部科学省『高等学校学習指導要領（平成21年3月告示)』東山書房，2015年

5）文部科学省『特別支援学校幼稚部教育要領，特別支援学校小学部・中学部学習指導要領，特別支援学校高等部学習指導要領（平成21年3月告示)』海文堂出版，2015年

6）文部科学省「学制百二十年史：第二編戦後教育改革と教育制度の発展第1章戦後の教育改革，概説」http://www.mext.go.jp/b_menu/hakusho/html/others/detail/1318255.htm（2018年3月1日閲覧）

7）文部科学省「学制百年史：第二編戦後教育改革と教育制度の発展第1章戦後の教育改革（昭和20年〜27年）第1節概説3新教育制度の具現，新制度の実施と学習指導要領」http://www.mext.go.jp/b_menu/hakusho/html/others/detail/1317739.htm（2018年3月

第 11 章　学習指導要領の変遷

1 日閲覧）

8）文部省「高等学校学習指導要領一般編（昭和 31 年改訂版）」http://www.nier.go.jp/guide
line/s31h1/index.htm（2018 年 2 月 1 日閲覧）

9）文部省「小学校学習指導要領（昭和 33 年改訂）」http://www.nier.go.jp/guideline/s33e/
chap1.htm（2018 年 2 月 1 日閲覧）

10）文部省「小学校学習指導要領（昭和 43 年 7 月）」http://www.nier.go.jp/guideline/s43e/
index.htm（2018 年 2 月 1 日閲覧）

11）文部省「小学校学習指導要領（昭和 52 年 7 月）」http://www.nier.go.jp/guideline/s52e/
index.htm（2018 年 2 月 1 日閲覧）

12）文部省「小学校学習指導要領（平成 3 年 3 月）」http://www.nier.go.jp/guideline/h01e/
index.htm（2018 年 2 月 1 日閲覧）

13）中央教育審議会「21 世紀を展望した我が国の教育の在り方について（第一次答申）」
http://www.mext.go.jp/b_menu/shingi/old_chukyo/old_chukyo_index/toushin/1309579.
htm（2018 年 2 月 1 日閲覧），中央教育審議会「21 世紀を展望した我が国の教育の在り方
について（第二次答申）」http://www.mext.go.jp/b_menu/shingi/old_chukyo/old_chukyo_
index/toushin/1309655.htm（2018 年 2 月 1 日閲覧）

14）文部省「小学校学習指導要領（平成 10 年）」http://www.mext.go.jp/a_menu/shotou/cs/
1319941.htm（2018 年 3 月 1 日閲覧）

15）国立教育政策研究所「OECD 生徒の学力度到達調査（PISA）」http://www.nier.go.jp/
kokusai/pisa/index.html（2018 年 3 月 1 日閲覧）

16）文部科学省「小学校，中学校，高等学校等の学習指導要領の一部改正等について（通
知）」http://www.mext.go.jp/a_menu/shotou/cs/1320953.htm（2018 年 3 月 1 日閲覧）

17）文部科学省「小学校学習指導要領（平成 20 年）」http://www.mext.go.jp/a_menu/
shotou/new-cs/youryou/syo/index.htm（2018 年 3 月 1 日閲覧）

18）文部科学省「新学習指導要領（平成 29 年 3 月公示）」http://www.mext.go.jp/a_menu/
shotou/new-cs/1383986.htm（2018 年 3 月 1 日閲覧）

19）「中央教育審議会教育課程部会資料 3」http://www.mext.go.jp/b_menu/shingi/chukyo/
chukyo3/004/siryo/__icsFiles/afieldfile/2016/08/29/1376580_3.pdf（2018 年 3 月 10 日閲
覧）

20）中央教育審議会「幼稚園，小学校，中学校，高等学校及び特別支援学校の学習指導要領
等の改善及び必要な方策等について（答申）」補足資料，http://www.mext.go.jp/compo
nent/b_menu/shingi/toushin/__icsFiles/afieldfile/2017/01/20/1380902_4_1_1.pdf（2018
年 3 月 10 日閲覧）

お薦めの参考図書

① 日本児童教育振興財団編『学校教育の戦後 70 年史』小学館，2016 年

② 水原克敏『学習指導要領は国民形成の設計書──その能力観と人間像の歴史的変遷』
東北大学出版会，2016 年

③ 東洋館出版社編集部編『平成 29 年版　小学校　新学習指導要領ポイント総整理』東
洋館出版社，2017 年

④ 東洋館出版社編集部編『平成 29 年版　中学校　新学習指導要領ポイント総整理』東
洋館出版社，2017 年

⑤ 時事通信出版局編『ひと目でわかる！　小学校「新学習指導要領」』時事通信出版局，
2017 年

第12章　現代の教育課題

 1　「現代の教育課題」ということば自体にこだわって

「現代の教育課題」と聴くと，読者のみなさんは何を思い浮かべるのだろうか。

たとえば最近，マスメディアで大きく取り上げられるような教育の諸課題がある。具体的にいえば，**不登校（登校拒否）**，いじめを苦にした自殺（自死），スポーツ部活動中で起きた死亡事故，教職員の多忙化（働き過ぎ）の問題といったことや，「道徳の教科化」「小学校への外国語（英語）教育導入」「学力の格差と子どもの貧困」等々，すぐに思いつくだけでも，いろいろな教育の諸課題がマスメディアなどで大きく取り上げられていることがわかる。

ただ，これらマスメディアが大きく取り上げるような最近の教育の諸課題のなかには，今の大学生たちが生まれる前から「問題だ」と言われてきたことも含まれている。たとえば1980年代の**臨時教育審議会（臨教審）**は，次のような教育の諸課題への対応を求める声が高まるなかで設置されたものである。

> 昭和五十年代の中ごろになって，核家族化や都市化の進展を背景としつつ，社会連帯意識の喪失，家庭の教育力の低下等が進み，他方で第二次ベビーブームによる過大規模校の増加や受験競争の低年齢化等，児童生徒の教育環境が悪化した。青少年非行が急上昇し，また，小・中学校でのいじめ，登校拒否，校内暴力等社会的に大きな関心を呼ぶ事態が頻発した。中でも五十八年二月に横浜市内で発生した浮浪者襲撃事件，東京都町田市の中学校での教師による生徒の刺傷事件，さらに同年六月愛知県の戸塚ヨットスクールでの訓練生の死亡事件など，社会に衝撃を与える事件が発生した[1]。

ここでいう昭和50年代後半，つまり1980年代前半というと，現在50歳間近の筆者がまだ小・中学生の頃である。いじめ問題や不登校（登校拒否）問題等々，教職課程で学ぶ大学生たちが関心を持つ「現代の教育課題」なるものが，もうすでに30〜40年近く前から議論されていると知ると，読者のみなさんはどのように感じるだろうか。また，「この間，本当になにも対策をとってこなかったのか？」「その対策自体に何か問題はなかったのか？」など，いろんな疑問も新たに沸いてくるのではなかろうか。

不登校（登校拒否）

文部科学省は現在，「不登校」の子どもについて「何らかの心理的，情緒的，身体的，あるいは社会的要因・背景により，児童生徒が登校しないあるいはしたくともできない状況にある者（ただし，「病気」や「経済的理由」による者を除く。）」と定義している。また，このような状態にある子どもは，かつては「登校拒否」と呼ばれていた。

臨時教育審議会（臨教審）

「21世紀を展望した教育のあり方」などを検討するために，1984〜87年の3年間，内閣総理大臣の諮問機関として設置された審議会。このとき，今後の教育改革の基本的な原則として「個性重視」「生涯学習体系への移行」「国際化・情報化などの時代の変化への対応」の3つが示された。

そこで,「現代の教育課題」を本章で論じるにあたって,次のように論点を整理して,2つのケーススタディを行ってみたいと思う。

【論点1】「現代の教育課題」という以上,他の時代の教育課題とは異なる特徴がなにか現れているはずである。本書でもこれまで日本および西洋の教育史について概観してきたが,そこで論じられたこともふまえて,あらためて「他の時代とは異なる,現代の」教育課題である点とは何かについて具体的に見ておきたい。

【論点2】「現代の教育課題」という以上,近年の学校や家庭,地域社会での教育の営みに,なにか解決・改善されるべきことがあるという認識がそこに示されている。そこで,その教育課題については,誰が,何を解決・改善すべき課題であると考え,どのような目的・目標に向かって,どのような対策(教育政策や教育実践など)を提案しているのか。この点を具体的に検討しておくことにする。

【論点3】その一方で,もうすでに「現代の教育課題」なるもののいくつかは,先述のとおり1980年代から論じられて,対策を実施してきたものでもある。とすれば,もしかしたら,その「対策」の前提にあるような教育課題への認識や,その「対策」と称して実施されている教育政策・教育実践のなかにも,本当は問われるべき「教育課題」があるのかもしれない。このように,「対策」を提案している側の抱えている課題についても,できるだけ本章では検討を加えておきたい。

このように論点を3つに絞り込んだ上で,以後,本章では「不登校(登校拒否)」「学校事故・事件」というテーマを取り上げ,ケーススタディ的に「現代の教育課題」の内実について検討を行っていくこととする。この2つは,いずれも筆者がこれまで「現代の教育課題」として,研究・実践(運動)面でかかわってきた課題である。

2 ケーススタディA 不登校(登校拒否)

子どもたちの不登校(登校拒否)の問題について「論点1」に即して言えば,あらためて言うまでもなく,本書で取り上げた古代・中世・近世においては,子どもたちのなかに学校に行かない・行けない子どもがいるという現象自体が問題視されない。当然だが,すべての子どもに「教育を受ける権利」を保障する近代の義務教育制度が成立する時期が到来して,はじめて学校に行かない・行けない子どもたちの諸課題が浮上してくる。

とはいえ,その近代の義務教育制度成立以後の時期であっても,子どもた

ちの学校に行かない・行けない状態をどのように理解するかによって，その議論や対策のあり方は異なってくることになる。その議論や対策の流れが転換する節目は，筆者のみたところ，日本社会では，だいたい1970〜80年代にあるのではないかと考える。そこで，この不登校（登校拒否）問題に関する「論点1」「論点2」をより詳しく論じるために，いくつかのエピソード的なことを紹介しておく。

　たとえば「今日も机にあの子がいない」という言葉がある。この言葉は，1950年代の高知県で活動した教員たちから生まれた言葉である。当時，高知県では長期欠席・不就学の状態にある子どもと家庭を教員たちが一軒一軒訪ねてまわり，就学援助手続きなどをすすめたり，子どもたちの登校を促す対応を行っていた。この役割を担った教員を，当時の高知県では「福祉教員」と呼んでいた。また，同じく高知県では，1960年代に小中学校の教科書の無償配布を求める運動が起こり，それがやがて義務教育段階の教科書無償配布制度の実現へとつながった。その背景には，教科書代が払えない等の理由による子どもの長期欠席・不就学の問題があった[2]。したがって，日本社会でも1960年代あたりまでは，できるだけ多くの子どもが学校に毎日，通える状況を創り出すこと自体が課題であったと言えるのである。

　これに対して，1960年代に入る頃から，家庭の経済的な事情などが背景になく，何らかの心理的な要因によって子どもが学校に行かない・行けない状態に陥るケースが，児童精神医学や児童・青年心理学の領域で研究されるようになってきた。また，当時はこのような状態の子どもが学校に再び登校できるよう働きかけが行われたり，あるいは病院併設の院内学級などで対応するケースもあった。

　しかし，1970年代後半あたりから，その流れに変化が生じる。たとえば児童精神科医の渡辺位はこの頃から「学校に戻すことだけが正しいのか？」という考え方に立って，「『登校せよ』といわないこと」「学校へのこだわりを捨てること」「『不登校』をプラス評価して尊重すること」といった対応の三原則を提案し始めた[3]。また，1980年代に入ると，渡辺位らの見解に影響を受けた保護者たちを中心に各地で親の会が組織され，それを市民が幅広く支援にかかわるなかで，今日でいうフリースクールや学校外の居場所づくり活動が本格的に始まるようになった[4]。さらに，1990年代に入ると，学校外の居場所やフリースクールなどに通う小中学生への在籍校での出席扱いも開始されるようになった。このような取り組みの延長線上に，2016（平成28）年には**義務教育機会確保法**が制定された。

　ただ，ここでふと疑問に思うことはないだろうか。ここから不登校（登校

義務教育機会確保法

　正式名称は「義務教育の段階における普通教育に相当する教育の機会の確保等に関する法律」で，2016年に制定された。この法律では，国や地方自治体が不登校の子どもたちが行う多様な学習活動の実情を踏まえ，個々の状況に応じた必要な支援を行うことや，夜間中学校の開設など就学機会の整備に努めることなどを定めている。

拒否）問題に関する「論点3」について述べておきたい。

まず、今の日本社会においても、経済的な困難を背景にして子どもが学校になじめないなどの問題は起きている可能性がある。たとえば最近、**子どもの貧困**問題に関連して、経済的に困難な状況にある子どもの就学に対する意欲の低下、学力不振などの問題が指摘されている[5]。だとすると、かつて行われた長期欠席・不就学に関する取り組みのように、経済的困難に着目した取り組みが、あらためて今日、必要とされているのかもしれない。

次に、この何年かの間に、フリースクールなど学校外の学習の場の開設を通じて、今日、実質的に義務教育制度が「多様化」してきたが、これは別の見方をすると「単線型」を基本とした敗戦後日本の学校制度が、実質的に「複線化」しつつあると見ることもできる。このような「複線化」の流れのなかで、はたして義務教育段階の公立学校がはたすべき役割とはなんなのか、そこがあらためて問われているのではないか。もしかしたら、本当はドキュメンタリー映画「みんなの学校」[6]のように、さまざまな課題のある子どもを含め、「誰もが学べる地域の（公立）学校」づくりを促進していく営みのなかに、フリースクールなどが蓄積してきた成果を反映させていく必要があるのかもしれない。

そして、フリースクールなどの学校外の学習の場を経験した子どもたちは、成長した後、学校に通ってきた他の子どもたちとどのような関係を取り結んでいくのであろうか。たとえば「大学で共に学ぶことを通じて、いっしょに同じ時空間を過ごす」ことで、両者の距離を近づけることはできるのではないか。元・不登校児として筆者は、自らの経験に照らして、不登校経験者にとっての大学の役割をこのように考えている。

3 ケーススタディB　学校事故・事件

続いて、学校事故・事件である。こちらも一口に学校事故・事件といっても、いろんなタイプのものがある。具体的な数字をあげておくと、たとえば大阪教育大学が**独立行政法人日本スポーツ振興センター（JSC）**の災害共済給付データをもとに調べたところでは、2005〜2013年の間に、死亡見舞金もしくは障害見舞金（第7級以上）を支給した重大事故・事件は、832件起きている。また、とかく熱中症による死亡事故など、スポーツ部活動中の事故・事件に注目が集まるのだが、先述の調査では、「部活動中」（33.9％）以外にも「授業中」（21.7％）「休憩時間」（11.8％）でも重大事故・事件が起きていることがわかる[7]。ただしこの数字は、いじめによるものなど、子どもの自殺

子どもの貧困

2013年に制定された「子どもの貧困対策の推進に関する法律」に基づき、現在、日本政府は貧困状態にある子どもとその家庭に対して、たとえば教育の支援、生活の支援、就労の支援、経済的支援等の施策を行っている。このうち「教育の支援」については、「子供の貧困対策大綱」（2014年）に基づき、日本政府は生活保護世帯の子どもの高校進学率等の数値目標を達成するため、地域における学習支援や学校での学力保障に取り組むとしている。

独立行政法人日本スポーツ振興センター（JSC）

JSCはスポーツの振興や学校管理下の子どもの災害給付およびこれに関連する調査研究などを行う独立行政法人で、たとえば学校で子どもが事故・事件や災害にあった場合の見舞金や医療費の支給などを行っている。なお、JSCホームページの「学校安全Web」には「学校事故事例データベース」があり、ここで過去の重大事故・事件事例の概要を知ることができる。
(http://www.jpnsport.go.jp/anzen/home/tabid/102/Default.aspx)

（自死）のケースを除いた数字である。

　この学校事故・事件についても，先述の「論点1」や「論点2」に照らして考えるならば，やはり近代の学校制度が始まってから，そこでの何らかの教育活動や子どもの生活と深く結びつく形で起こっていることは，あらためていうまでもない。実際，明治期や大正期においても，たとえば学校で起きた子どもの事故死に対する注意不行き届きを理由に，当時の小学校訓導や校長らが譴責，減俸などの処分を受けているケースが見られる[8]。あるいは，1971（昭和46）年に創刊された雑誌『季刊教育法』は，その第4号（1972年夏）で「学校事故と特別活動」という特集を組み，「学校が教育計画を樹てて生徒・児童を授業に出席させ，学校行事に参加させる場合には，当然に，生徒・児童の安全は，学校当局の所為に完全に従属させられることになるから，学校の側にその安全性を保障する責任を生ずる」[9]といった議論を行っている。このように歴史的にふりかえってみると，重大事故・事件はくり返し学校で起きており，その都度，何らかの対応・議論が行われてきたことがわかる。

　たとえば野球やサッカー，柔道などのスポーツ部活動中の事故に関して1980年代には今橋盛勝・林量俶・藤田昌士・武藤芳照『スポーツ「部活」』（草土文化，1987年）が出版されている。この本では，たとえばスポーツのやり過ぎによる肘や肩，ひざ，腰の故障や熱中症死亡事故の発生，学校不適応など心理的諸課題の発生等の部活動をめぐる諸問題がすでに論じられていた。また，このような諸問題が起きる背景には，長時間練習や顧問からの暴力・暴言，子どもの意見を無視するような非民主的な運営のあり方などがあることも，すでに当時から指摘されていた。

　その後もたとえば武藤芳照『子どものスポーツ』（東京大学出版会，1989年），城丸章夫・水内宏編『スポーツ部活はいま』（青木書店，1991年）や内海和雄『部活動改革』（不昧堂出版，1998年）などが出版され，1980年代と同様のスポーツ部活動の問題点が指摘されていた。そして，とくに内海和雄は**子どもの権利条約**の発効後，子どもの意見表明権などを尊重しつつ，教職員の休養等の諸権利の保障も行えるような部活動運営のあり方を提案していた[10]。一方，文部省（当時）もこのような問題提起をふまえて『みんなでつくる運動部活動』（1999年）を出版し，中学生・高校生の部活動の活動日数（たとえば中学生で学期中は週2回程度の休養日を設定）や1回あたりの練習時間（中学生の場合平日2〜3時間程度）の目安を設定したり，子どもたちの自主性にもとづく活動計画づくり，外部指導者の導入などの諸提案を行った。

　一方，大阪教育大学附属池田小学校事件（2001年）以後，学校への不審者侵入対策などを強化するよう求める動きのなかで，従来の学校保健法を改正

子どもの権利条約

　1989年の国連総会で採択され，日本政府は1993年に批准。「子どもの権利条約」は通称で，日本政府は「児童の権利に関する条約」を正式名称としている。この条約では，たとえば「意見表明権」や「休息・余暇，遊び，文化的芸術的生活への参加」「教育への権利」などの諸権利の保障を，締約国である日本政府に対して求めている。

し，あらためて**学校保健安全法**が制定されて，2009年から施行された。この 　学校保健安全法
学校保健安全法に基づいて，国や地方自治体には「学校における保健及び安
全に関する最新の知見及び事例を踏まえつつ，財政上の措置その他の必要な
施策を講ずる」ことや，国としての「学校安全計画」の策定等（第3条）が求
められている。また，各学校の設置者の責務として，たとえば各校で学校安
全計画を策定し，それに基づく研修や安全点検を行うこと（第27条），実際に
事故・事件が発生した際の教職員の対処要領をつくること（第28条）などが
定められている。そして，この学校保健安全法の趣旨をふまえて，各学校の
事故防止策をより確実に実施するとともに，実際に発生した際の調査・検証
作業や再発防止策づくりのあり方，被害にあった子ども本人やその家族・遺
族への支援について，「学校事故対応に関する指針」（2016年3月）も作られ
た（この指針づくりには筆者もかかわった）。今日，スポーツ部活動中の事故防
止についても他の事故・事件防止と同様，このような法令・指針に即した対
応が求められることは，言うまでもない。

　ただ「論点3」に即して学校事故防止の今後の課題について言えば，それ
こそ，たとえば，文部省（当時）の『みんなでつくる運動部活動』の趣旨を
ふまえた取り組みが実施されていれば，近年，部活動中に起きる事故・事件
のかなりの部分は防ぐことができたのではなかろうか。でも，そのことがな
ぜ，できなかったのか。このことを今日，あらためて問題にしなければなら
ない。でなければ，最近になって提案されている部活動問題の改善策もまた，
いま，マスメディアが大きく何かある特定の事故・事件を取り上げている間
だけ注目がなされ，その時期が来れば「忘れ去られる」ことにもなりかねな
いからである。

　また，今回はスポーツ部活動中の事故を中心に論じたが，教科としての保
健体育の授業や，それ以外にも，たとえば理科の実験中や図画工作，技術・
家庭などの授業中，あるいは学校給食や宿泊行事，登下校中など，学校にか
かわるさまざまな場面で子どもの事故・事件が起きている。とかくマスメデ
ィアが取り上げがちな学校事故・事件を念頭に私たちは議論をしてしまいが
ちであるが，「体育・スポーツ活動以外にも，学校生活のなかで，子どもた
ちが危険にさらされる場面がある」ことを忘れてはならない。

　そして「事故・事件を防ぐ」ためには「危険なことを子どもにさせない」
という方法があるが，それは同時に「危険なこととのつきあい方を学ぶ機会
を子どもから遠ざける」という側面もある。たとえば子どもたちに「ケガを
すると危険だから」といってナイフを使わせないことは，そのナイフの使い
方を学ぶ機会を遠ざけ，手先の不器用さを形成してしまうかもしれない[11]。

今後，学校での教育活動のなかで，一方で子どもたちの危険を回避しつつ，他方で積極的にどのような体験を培っていくのか。危険回避・安全確保と豊かな学び，体験活動の両立である。このことを私たちは考えていかなければならない。

4 あらためて「現代の教育課題」を考えるために

以上のように，本章では「不登校（登校拒否）」とスポーツ部活動中のものを中心とした「学校事故・事件」を例にして，論点1～3に即して「現代の教育課題」について検討をしてみた。もちろん，他の課題を取り上げたり，同じ「学校事故・事件」「不登校（登校拒否）」であっても筆者と異なる論点を設定したりすると，もう少し異なる議論が可能になるであろう。そのことを，本章の最後に断っておきたい。

その上で本章のしめくくりに伝えておきたいことは，成功や挫折・失敗を含めた「過去の蓄積に学ぶ」ことと，「教育のあり方を語るときの自己の認識の相対化」の大切さである。実は，論点1・2はその「過去の蓄積に学ぶこと」そのものであり，論点3は「何々が問題だ」と「現代の教育課題」を指摘する側にも，時として「自己の認識の相対化」が必要であることを意識していただくために設定したものである。このように，マスメディアで大きく取り上げられる話題から一線をあえて画した上で，本章で行ったような地道な検討作業の成果を蓄積し続けるなかから，実は本当に「現代の教育課題」というものを解決・緩和していく筋道が見つかるのではなかろうか。

【参考文献】
1）文部科学省ホームページ「学制百二十年史」のうち，「臨時教育審議会設置までの教育改革の検討」http://www.mext.go.jp/b_menu/hakusho/html/others/detail/1318295.htm（2018年1月23日閲覧）
2）中野陸夫・池田寛・中尾健次・森実「3　差別の現実から学ぶ教育のあゆみ」『同和教育への招待』解放出版社，2000年
3）渡辺位編著『登校拒否　学校に行かないで生きる』太郎次郎社，1983年
4）奥地圭子『学校は必要か　子どもの育つ場を求めて』日本放送出版協会，1992年
5）松本伊智朗・湯澤直美・平湯真人・山野良一・中嶋哲彦「STEP 4　貧困が引き起こすマイナス影響」『子どもの貧困ハンドブック』かもがわ出版，2016年
6）ドキュメンタリー映画「みんなの学校」（真鍋俊永監督）は，関西テレビで放送された同名の番組をもとに，2014年に作成されたもの。「すべての子どもの学習権を保障する学校づくり」を目指す木村泰子校長（当時）らの様子を中心に，大阪市立大空小学校での1年間の取り組みを映像化している。なお，この大空小学校の取り組みについては，木村泰子『「みんなの学校」が教えてくれたこと』（小学館，2015年）を参照
7）国立大学法人大阪教育大学『文部科学省委託事業　学校事故対応に関する調査研究調査

報告書』（2015 年 2 月）http://www.mext.go.jp/a_menu/kenko/anzen/__icsFiles/afieldfile/
2015/03/25/1339096_01.pdf（2018 年 1 月 23 日閲覧）

8）岡村達雄編著『日本近代公教育の支配装置［改訂版］』社会評論社，2003 年，p. 398

9）今村成和「学校事故と法的責任」『季刊教育法』第 4 号，1972 年，p. 12

10）内海和雄「第 4 部　提言」『部活動改革——生徒主体への道——』不昧堂出版，1998 年

11）谷田貝公昭編著『不器用っ子が増えている　手と指は［第 2 の脳］』一藝社，2016 年

お薦めの参考図書

① 今津孝次郎・樋田大二郎編『教育言説をどう読むか　教育を語ることばのしくみと
はたらき』新曜社，1997 年

② 神谷拓『生徒が自分たちで強くなる部活動指導』明治図書出版，2016 年

③ 住友剛『新しい学校事故・事件学』子どもの風出版会，2017 年

④ 滝川一廣『学校へ行く意味・休む意味　不登校ってなんだろう』日本図書センター，
2012 年

⑤ 村越良子・吉田文茂『教科書をタダにした闘い　高知県長浜の教科書無償運動』解
放出版社，2017 年

⑥ 山下英三郎監修『子どもにえらばれるためのスクールソーシャルワーク』学苑社，
2016 年

第13章 これからの教育がめざすもの

1 はじめに

　本書では，教育の原理について整理した上で，西洋における教育の歴史や，日本の教育の歴史，また教育制度の変遷についても触れてきた。そして今日の教育が，それらの先人の蓄積の上に成立していることは言うまでもない。

　教育は，国家百年の計と言われる。これは，国の発展のためには，目先の利益だけでなく，長期的視点に立って教育に取り組まなければならない，という意味である。我々が子どもたちに対して教育を行うことが，子どもたちが将来幸せになる一助となり，ひいては国が発展する，よりよい世界になるということが教育の一つの理想ではある。そして，これまでの教育も常にその目的を有していた。教育に関して，かくあるべきという理念・理想があり，その実現のために教育制度の変遷が続いている。この変遷には終わりはなく，変化し続ける社会に対応する形で，常に変更や修正は行われ続けねばならない。教育課題はこの先も常に新しく現れ続けるであろうし，言い換えれば，現代の教育課題を一つ一つ乗り越える先に，これからの教育のめざすものが見えてくるのではないだろうか。そこで本章では，前章と重なる部分はあるものの，今日の教育制度や，そこに存在する教育課題について触れた上で，それらを解決すべく検討・実行されている方策について整理したい。

2 生きる力と道徳教育

　2002（平成14）年以降，「生きる力」の育成は学習指導要領における重要な項目の一つとなっている。「生きる力」は以下のとおり説明されている。

>　「我々はこれからの子供たちに必要となるのは，いかに社会が変化しようと，自分で課題を見つけ，自ら学び，自ら考え，主体的に判断し，行動し，よりよく問題を解決する資質や能力であり，また，自らを律しつつ，他人とともに協調し，他人を思いやる心や感動する心など，豊かな人間性であると考えた。たくましく生きるための健康や体力が不可欠であることは言うまでもない。我々は，こうした資質や能力を，変化の激しいこれからの社会を［生きる力］と称することとし，

> これらをバランスよくはぐくんでいくことが重要であると考えた。」(1996年，中央教育審議会第一次答申[1]より抜粋)

　2002（平成14）年度から実施された学習指導要領では，ゆとりの中での特色のある教育によって生きる力をはぐくむという方針であり，2011（平成23）年度から実施された学習指導要領では，ゆとりでも詰め込みでもなく，生きる力をよりいっそうはぐくむという方針であった。2018（平成30）年度から実施される新学習指導要領においては，「生きる力」をより具体化し，教育課程全体を通して育成を目指す資質・能力を，「何を理解しているか，何ができるか（生きて働く「知識・技能」の習得）」，「理解していること・できることをどう使うか（未知の状況にも対応できる「思考力・判断力・表現力等」の育成）」，「どのように社会・世界と関わり，よりよい人生を送るか（学びを人生や社会に生かそうとする「学びに向かう力・人間性等」の涵養）」の三つの柱に整理するとともに，各教科等の目標や内容についてもこの三つの柱に基づいて再整理が行われており，生きる力をよりよくはぐくむための模索が政府においても学校現場においても続けられている。

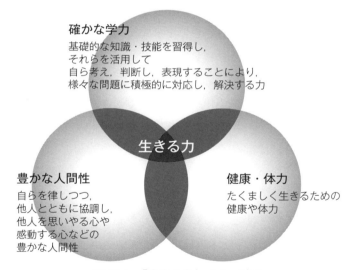

図13-1　「生きる力」イメージ図
出典：文部科学省HP
http://www.mext.go.jp/a_menu/shotou/new-cs/idea/index.htm

　道徳教育については，2015（平成27）年3月に，**学校教育法施行規則**および小・中学校の学習指導要領が一部改正され，従来の「道徳の時間」が「特別の教科　道徳」として新たに位置づけられており，新学習指導要領においてもその充実が謳われている。これは，これからの時代においては，「社会を構成する主体である一人一人が高い倫理観をもち，人としての生き方や社

学校教育法
　日本の学校教育制度の根幹を定める法律。

施行規則
　法律を施行するために必要な細則や，法律・政令の委任事項などを定めた命令。

会の在り方について，多様な価値観の存在を認識しつつ，自ら感じ，考え，他者と対話し協働しながら，よりよい方向を目指す資質・能力を備えることがこれまで以上に重要であり，こうした資質・能力の育成に向け，道徳教育は，大きな役割を果たす必要がある」[2)]との考えによるものである。また，道徳教育は，「生きる力」の豊かな人間性の育成に寄与するものであるといえる。

3 児童虐待

ネグレクト
家に閉じ込める，食事を与えない，ひどく不潔にする，自動車の中に放置する，重い病気になっても病院に連れて行かない，などを指す。

心理的虐待
言葉による脅し，無視，きょうだい間での差別的扱い，子どもの目の前で家族に対して暴力をふるう，などの態度・行為。

児童虐待は，児童の周囲の人間が，児童に対して虐待を加える，あるいは育児放棄をすることを指し，身体的虐待，性的虐待，**ネグレクト**，**心理的虐待**などの4種類に分類される。虐待を受けた子どもが死亡するというニュースは後を絶たず，またそうでなくとも虐待された子どもは一生癒えることのない大きな傷を心に受け，苦しむこととなる。児童虐待防止のための取り組みは国や地方自治体でも行われており，2000（平成12）年に児童虐待の防止等に関する法律が制定され，深刻化する児童虐待の予防および対応方策とされているほか，たとえば大阪府教育委員会は児童虐待防止の手引き『子どもたちの輝く未来のために』を策定し，児童虐待における学校と教職員の果たす役割，通告のルールなどを記載している。2010（平成22）年に改正された『子どもたちの輝く未来のために』では，学校における児童虐待への対応は，「早期発見」（理解と認識，日常の体制づくり，教職員の気づき），「通告」，「継続的な支援」であるとしている。すなわち，学校は家庭から子どもを一時的に預かり教育を行うだけではなく，必要があれば家庭に対して積極的に働きかけを行うことも求められている。もちろん，学校の教員は虐待の専門家ではないので，虐待のサインに気づいたとしても，どのように対応することが適切なのか，対応に苦慮することもあると思われる。学校に求められる役割が拡大し続ける中で，地域の関係機関との協力のネットワークを日頃から構築しておくことや，学校外の専門家などを招き入れることが必要となっている。

4 学校現場での諸課題

教育現場にはいつの時代も解決・改善すべき課題があるが，中でもいじめや不登校などは大きな課題となっている。いじめとは，文部科学省によると「児童生徒に対して，当該児童生徒が在籍する学校に在籍している等当該児童生徒と一定の人的関係にある他の児童生徒が行う心理的又は物理的な影響

を与える行為（インターネットを通じて行われるものも含む）であって，当該行為の対象となった児童生徒が心身の苦痛を感じているもの」であり，個々の行為が「いじめ」に当たるか否かの判断は，「表面的・形式的に行うことなく，いじめられた児童生徒の立場に立って行うものとする」こととされており，起こった場所は学校の内外を問わない。近年ではインターネット上の掲示板や，LINE などの SNS 上でのいじめが問題となっており，またこれらは大人や教師が発見することも難しく，対策が急務となっている。2013（平成 25）年には「いじめ防止対策推進法」が制定され，地方自治体や学校ではいじめ防止基本方針を策定し，ウェブサイト上などで周知している。2016（平成 28）年度のいじめの認知件数は，小学校 237,921 件，特別支援学校 1,704 件となっており，これは，いじめの調査が開始された 1985（昭和 60）年度以降で最高となっている。いじめ自体が増加しているのか，報告により表面化する件数が増えているのかは定かではないが，いじめ防止の取り組みはもちろんのこと，起きているいじめの実態を把握し対策を講じることは非常に重要である。文部科学省のデータでは，いじめは 2006（平成 18）年度までは「発生件数」という捉え方であったのに対して，2006 年度以降は「認知件数」で捉えられている。「発生件数」ではいじめがはっきりと顕在化した段階でカウントするのに対し，「認知件数」では顕在化していなくても，いじめられる側の自覚により，いじめがあったものとして積極的にカウントされている。これは，認知された件数の多寡そのものを問題とするよりも，積極的にいじめを発見し，解消していこうという変化の表れであると言える。

　不登校とは，「何らかの心理的・情緒的・身体的あるいは社会的要因・背景により，子供が登校しない，あるいはしたくともできない状況にあるため年間 30 日以上欠席した者（ただし，病気や経済的理由によるものを除く）」のことであり，不登校児童生徒の割合は，2016（平成 28）年度は小学校では 0.48％，中学校では 3.01％，合わせて 1.35％となっており，調査開始以来最も高くなっている。不登校の原因としては，家庭に係る状況，友人関係をめぐる問題，学業不振などの環境要因や，無気力や不安といった，本人の精神的な要因の割合が高く，もちろんいじめも不登校の原因となる。

　また，いじめや不登校とは異なるが，外務省の調査によると，2016（平成 28）年に海外で暮らす学齢児の数は 79,251 人となっており，また文部科学省の調査によると，2016（平成 28）年に日本語指導が必要な外国人児童生徒数は 34,335 人となっており，いずれも増え続けている。このことからも，学校現場においても国際化が進み続けていることがわかる。学級において国際化が進むことは，異文化や多様性を理解する心を育む上では教育上のチャンス

ともなるが、一方で、日本語が得意でなかったり、文化上の違いがあったりすることもあり、一つの学級として運営する上で難しさが生じることもある。

5 中1ギャップ

小学校から中学校への進学において、新しい環境での学習や生活へうまく適応できず、不登校等の問題につながっていく状況は、「中一ギャップ」と呼ばれている。中一ギャップの原因としては、小学校から中学校に進学する際の接続が円滑となっていないことが考えられ、その背景としては、次のようなことが指摘されている。まず、学習指導面では、小学校では学級担任制であるのに対し、中学校では教科担任制であるといった授業形態の違いや、各児童生徒の小学校時点における学習上の問題が十分共有されてないこと等が挙げられる。また、生徒指導面では、中学校は小学校と比較して生徒に課

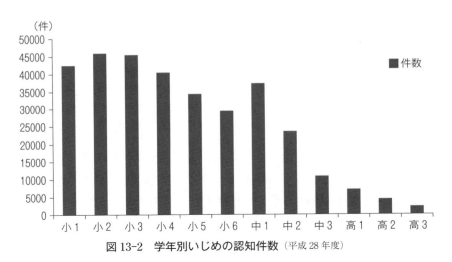

図13-2　学年別いじめの認知件数（平成28年度）

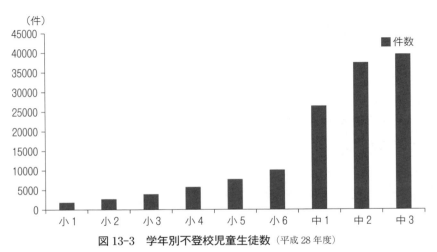

図13-3　学年別不登校児童生徒数（平成28年度）

第13章 これからの教育がめざすもの

せられる規則が多く，小学校よりも規則に基づいたより厳しい生徒指導がなされる傾向があることや，各児童生徒の小学校時点における生徒指導上の問題が中学校と十分に共有されていないこと等が挙げられる。実際に，2016（平成28）年度の文部科学省のデータでは，いじめの認知件数，不登校児童数共に，小学校6年生から中学1年生に上がる部分で比較的急激に増加しており（図13-2・3参照），これが中1ギャップという状況が指摘される所以でもある。こうした中1ギャップを乗り越えるために，**小中連携教育**や**小中一貫教育**の推進が国や地方自治体で進められている。また，それらの実現のためには，**スクールカウンセラー**，**スクールソーシャルワーカー**，学校支援ボランティア等，多様な関係者が関わり，協働することが必要である。

6 インクルーシブ教育システム

インクルーシブ教育システムとは，障がい者が精神的および身体的な能力等を可能な最大限度まで発達させ，自由な社会に効果的に参加することを可能とするとの目的の下，障がいのある者と障がいのない者が共に学ぶ仕組みのことである。インクルーシブ教育の考え方は広がりつつあり，特別なニーズをもっていても通常の保育所・幼稚園等で受け入れる事例が増えてきている。特別支援教育により多様な子どものニーズに応えるためには，学校の教員だけの対応では限界がある。校長のリーダーシップの下で校内支援体制を確立し，学校全体で対応する必要があることは言うまでもなく，その上で，たとえば，公立義務教育諸学校の学級編制及び教職員定数の標準に関する法律に定める教職員に加えて，特別支援教育支援員の充実，さらには，**スクールカウンセラー**，**スクールソーシャルワーカー**，ST（言語聴覚士），OT（作業療法士），PT（理学療法士）等の専門家の活用を図ることにより，障がいのある子どもへの支援を充実させることが必要である。

7 情報機器（ICT機器）を用いた教育

情報化社会を生きるこれからの子どもたちは，コンピュータウイルスや個人情報の漏えい，不正アクセスや有害情報などから身を守らなければならない。また，知らない間に著作権を侵害する加害者の側になる恐れや，スマートフォンやタブレット端末，パソコン等のモニタを長時間見ることによる目の疲労といった健康面への影響にも留意する必要がある。その一方で，ICT機器を教育においてうまく使うことで，子どもたちの思考力や想像力をより

小中連携教育
　小・中学校が連携することを通じ，小学校から中学校への円滑な接続を目指す教育活動。

小中一貫教育
　小中連携のうち，小・中学校が9年間一貫した教育課程を編成し，それに基づき行う系統的な教育活動。

スクールカウンセラー
　いじめや暴力行為などの問題行動や不登校に対応するとともに，近年多発する事件・事故及び災害などの被害者である児童生徒等の心のケアに資するように学校に配置される専門職。

スクールソーシャルワーカー
　学校を拠点に，不登校や家庭における保護者や子どもが抱える問題に対して福祉の専門的な視点に立ち活動する専門家。教育及び社会福祉等の専門的な知識や技術を用いて，児童生徒を取り巻く環境の改善や関係機関等とのネットワークを活用した支援を実施する。

インクルーシブ教育システム

125

第3部　現代の教育課題

効果的に喚起し，より高い教育効果が得られる場合もある。文部科学省は，21世紀を生きる子どもたちに求められる力を育むためには，ICT機器を最大限に活用した学びが必要であるとの考えの下，2011（平成23）年に「教育の情報化ビジョン」を公開した。その中では，情報教育により子どもの情報活用能力を育成することや，教科指導において情報通信技術を活用することで，分かりやすく，かつ深い学びを実現することを提唱している。分かりやすく，深い学びという点では，ICT機器を教育現場において活用することで，知識の習得・理解の深化を促すことや，協調学習を支援する（例：クラス全員の考えを瞬時に共有し，意見を交換しながら授業を進行する）こと，また学習者の能力を補うこと（例：読みが苦手な児童に，読み上げソフトを用いて学習させる）などが可能になる。教育現場におけるICT機器の利用はまだ始まったばかりであり，将来（または現在）子どもたちに接する中で，効果的な活用方法を工夫していただきたい。また，現場の教員だけでは最新のICT機器を導入し，使いこなすことが容易ではない場合には，ICTに詳しい専門家の協力を得ることも考えられる。

8 チーム学校

チーム学校

地域や教員以外の専門スタッフと連携しながら，複雑化し続ける教育上の課題に対応することのできる「**チーム学校**」が求められている。チーム学校とは，文部科学省の中央教育審議会の「チームとしての学校の在り方と今後の改善方策について」（答申）によると，「校長のリーダーシップの下，カリキュラム，日々の教育活動，学校の資源が一体的にマネジメントされ，教職員や学校内の多様な人材が，それぞれの専門性を生かして能力を発揮し，子供たちに必要な資質・能力を確実に身に付けさせることができる学校」[3]のことである。

我が国の学校現場では，欧米諸国と比較して，教員以外の専門スタッフの配置が少なく，学習指導，生徒指導，部活動等，幅広い業務を担い，子どもたちの状況を総合的に把握していると言われている。また，今日では，いじめ・不登校など，学校の抱える課題が複雑化・多様化していることに加え，帰国・外国人児童生徒等の増加や，貧困問題への対応など，学校に求められる役割が拡大している。そのような課題の複雑化・多様化に伴い，心理や福祉等の専門性が求められている。さらに，新しい時代に求められる資質・能力を子どもたちに育むためには「アクティブ・ラーニング」の視点を踏まえた指導方法の不断の見直しによる授業改善や「カリキュラム・マネジメン

第 13 章　これからの教育がめざすもの

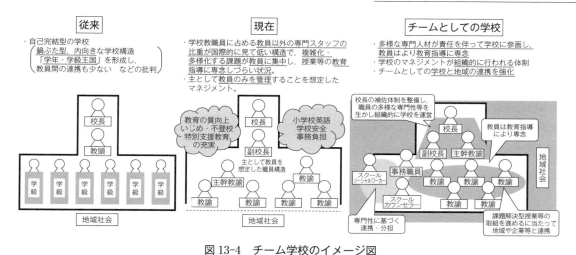

図 13-4　チーム学校のイメージ図
出典：文部科学省「チームとしての学校の在り方と今後の改善方策について」

ト」を通した組織運営の改善のための組織体制の整備が必要であり，これらを可能とする「チーム学校」が目指されている。上述した児童虐待の学校における早期発見や中1ギャップの解消，インクルーシブ教育システムの実現のためにも，多くの専門家が連携・協働するチーム学校という組織は有効であると考えられる。また，前章で扱っている学校安全教育についても，学校全体がチーム学校として取り組むべきであるとされている。チーム学校に必要な専門家の例としては，心理や福祉に関する専門スタッフや，ICT に関するスキルや外国語のスキル，学校司書といった専門性を持つスタッフ，部活動の指導のためのスタッフや特別支援教育のためのスタッフ等が挙げられる。

9　おわりに

　いじめや不登校などの解決すべき課題が尽きない中で，学校に求められる役割はますます多岐にわたっている。ICT を活かした教育を行いつつ，安全教育を行い，生きる力や道徳性を育み，インクルーシブ教育システムを確立する。もちろん，学力もしっかり身につけさせることは前提である。いくら熱心な教員でも，これらのことを全て完璧にこなすのは難しい。そして今後も学校に求められる役割は増え続ける。そのような状況の中で，いわば時代の要請とも言える学校運営の仕組みがチーム学校である。教員をはじめ，さまざまな専門性を持った職員が協力し合い，生き生きと働く環境の中でこそ，学校現場の諸問題を一つ一つ改善・解決していくことができると考えられる。一方で，さまざまな専門家を雇用するために必要な予算をどうやって確保するのか，という現実的な問題も存在している。

第3部　現代の教育課題

PISA
　OECD（経済協力開発機構）が実施する，国際的な学習到達度に関する調査。

ペスタロッチ
　フランス革命後の混乱の中で，スイスで孤児や貧しい子どもの教育に従事した教育実践家。

デューイ
　アメリカの哲学者，教育学者，心理学者。知識重視の受動的な学習ではなく，自発的に問題を発見・解決する能力を身につけることを重視した。

倉橋惣三
　日本の児童心理学者。形式化したフレーベル主義を改革し，幼児教育の発展に尽くした。

　教育の成果というものは，必ずしも目に見えるものではない。しかし，教育の成果として注目されるのは，国際的な学力テスト（PISA 等）の順位であったり，経済効果であったり，数値化された結果がメインや主流である。もちろん，教育には公的な資金（税金）が使われており，費やされた税金に対して得られた効果として，どの程度の成果があったのかを可視化することが求められるのは事実であり，その傾向はますます強くなっている。では，教育に携わる者はどのような成果を目指して教育の道に進むのであろうか。もちろん，国の将来を憂いて，少しでもその将来を良いものにしようと教育の道を志すこともあると思われる。その一方で忘れてはならないのは，目の前の子どもの将来をより良いものにしてあげたいという眼差しではないだろうか。**ペスタロッチ**や**デューイ**も，また日本の幼児教育の父と呼ばれる**倉橋惣三**も，その理論の根本には自らが関わる子どもたちの将来をより良いものにしたいという真摯な情熱が息づいている。子どもを想う情熱を持ちつつ，先人達のたゆまない教育実践や研究の蓄積を基にした教育理論を習得・実践する姿勢を有していることが，これまでも，そしてこれからも教育者に求められる資質ではないだろうか。

【引用文献】
1）中央教育審議会『21 世紀を展望した我が国の教育の在り方について（中央教育審議会第一次答申）』1996 年
2）中央教育審議会「道徳に係る教育課程の改善等について（答申）」2014 年，http://www.mext.go.jp/b_menu/shingi/chukyo/chukyo0/toushin/__icsFiles/afieldfile/2014/10/21/1352890_1.pdf（2017 年 10 月 15 日閲覧）
3）中央教育審議会「チームとしての学校の在り方と今後の改善方策について（答申）」2015 年，http://www.mext.go.jp/b_menu/shingi/chukyo/chukyo0/toushin/__icsFiles/afieldfile/2016/02/05/1365657_00.pdf（2017 年 10 月 15 日閲覧）

お薦めの参考図書

① 岡田涼・中谷素之・伊藤崇達・塚野州一編著『自ら学び考える子どもを育てる教育の方法と技術』北大路書房，2016 年
② 石上浩美・矢野正編著『教育心理学』嵯峨野書院，2016 年
③ 渡辺弥生『中1ギャップを乗り越える方法』宝島社，2015 年
④ 河合隼雄『いじめと不登校』新潮社，2009 年
⑤ 加藤崇英編『「チーム学校」まるわかりガイドブック』教育開発研究所，2016 年

お わ り に

小 野 田 正 利（大阪大学大学院教授）

　1980年代後半のバブル全盛期の頃"こんな好景気の時期に教職に就く者はバカか"と
平気で揶揄されたものである。それから数年，バブルがはじけて低成長期に入ると，働
いている教師たちは何ら変わらないのに「税金泥棒」「もっと働け」と批判され続けた。
ところが，労働者全体の過労死・過労自殺問題が取り上げられると「働き方改革」と急
に言い始め，教師の過重労働が大問題で，なんとしても改善しなければいけない，と中
央教育審議会の重要審議課題にもなった。

　この政策的な動きが，まっとうなものとなるのであれば，歓迎されるべきであろう。
しかし，どうもうさんくささも漂っている。これまでさんざん教師を右手で批判し殴り
倒していた人たちが，急に左手でほおをさすり始めた感じではないか，と感じ取ってい
る現役教師たちは多くいる。

　教師の本来の職務とは何か，学校の果たすべき役割とは何かについて，限界設定しな
ければいけないとも言う。確かに日本の学校は，明治中期の公教育制度の確立期から，
いかに安価で効率的に成果を出すかというシステムで作られてきた。学校の職員は9割
以上が教員であり，他の専門職はほとんどいないし，掃除も教育的意義があるという位
置づけで進められてきたのはその象徴でもある。

　1959年の日本学校安全会法（現・日本スポーツ振興センター法）は，学校事故の補償の
範囲を学校外の登下校や校外活動にも広げたが，それ自体が学校の守備範囲を直ちに広
げるものではなかった。教師の果たす役割として教科指導（学習指導）と生徒指導（生活
指導）の2つの領域があることは，かなり以前から言われてきた。しかし，広く学校の
外までが責任範囲となる生徒指導を，あらゆる学校教育を貫く「重要な機能」として位
置づけたのは，1965年の文部省（当時）の『生徒指導の手引』であった。これ以後，次
第に学校の守備範囲を広げることを「世間（政治，行政，地域，家庭）」は求めたし，学
校もまた自ら広げることを通して「信頼」を得ようと努めてきたという長い歴史がある。
そういった意味では，部活動指導を含めて，教師の労働時間が長くなり，学校の守備範
囲が広がりはじめたのは，1970年代以降であったといえる。

　つまり50年かかって「今の学校のかたち」が作られてきた以上は，1・2年で急ぎ
「縮小」の結論を出そうとすると，必ずどこかに軋みが現れる。学校はどんなところで

何を果たすべきか，誰がどんな関わり方をするのか。5年近くかけながら，ゆっくり国民的討議の中で熟考しないと，単なるお祭り騒ぎに終わるか，社会の共通資本としての公教育の骨組みを壊すことになりかねないように思われる。

【巻末資料　教職課程コアカリキュラム】

教育の理念並びに教育に関する歴史及び思想

全体目標：　教育の基本的概念は何か，また，教育の理念にはどのようなものがあり，教育の歴史や思想において，それらがどのように現れてきたかについて学ぶとともに，これまでの教育及び学校の営みがどのように捉えられ，変遷してきたのかを理解する。

（1）教育の基本的概念

一般目標：　教育の基本的概念を身に付けるとともに，教育を成り立たせる諸要因とそれら相互の関係を理解する。

到達目標①　教育学の諸概念並びに教育の本質及び目標を理解している。

到達目標②　子供・教員・家庭・学校など教育を成り立たせる要素とそれらの相互関係を理解している。

（2）教育に関する歴史

一般目標：　教育の歴史に関する基礎的知識を身に付け，それらと多様な教育の理念との関わりや過去から現代に至るまでの教育及び学校の変遷を理解する。

到達目標①　家族と社会による教育の歴史を理解している。

到達目標②　近代教育制度の成立と展開を理解している。

到達目標③　現代社会における教育課題を歴史的な視点から理解している。

（3）教育に関する思想

一般目標：　教育に関する様々な思想，それらと多様な教育の理念や実際の教育及び学校との関わりを理解している。

到達目標①　家庭や子供に関わる教育の思想を理解している。

到達目標②　学校や学習に関わる教育の思想を理解している。

到達目標③　代表的な教育家の思想を理解している。

出典：平成 29 年「教職課程コアカリキュラムの在り方に関する検討会」

http://www.mext.go.jp/b_menu/shingi/chousa/shotou/126/houkoku/1398442.htm

（2018 年 1 月 26 日閲覧）

● 重 要 語 句 集 ●

■ ア 行

愛着	23
アリエス	31
アレクサンドロスの東方遠征	42
安全基地	23
位階	71
育児ストレス	24
インクルーシブ教育システム	125
『隠者の夕暮』	52
エピクロス	42
『エミール』	50
エラスムス	45
エレン・ケイ	60
OECD による学力調査	106
往来物	76
大阪万国博覧会開催	103
蔭位の制度	71
恩物	55,59,79

■ カ 行

核家族化	104
学習教材	77
学制	78
隠れたカリキュラム	19
家訓	73
数	54
仮説実験授業	64
形	54
学校教育法	9,97,121
学校保健安全法	117
冠位十二階	70
官学	76
カント	11
義務教育機会確保法	114
教育基本法	9,18,86,98
教育刷新委員会	85

教育勅語	77
『教育に関する考察』	49
教育二法	87
教科以外の活動	101
教科書検定制度	88
教授細目	101
教授要目	101
協同遊び	26
共同注意	23
玉座	52
キルケゴール	14
キルパトリック	60,61
倉橋惣三	81,128
グローバル化	106
系統性を重視した教育課程	102
欠如存在	13
原罪説	33
語	54
合科学習	80
公示	97
Course of Study	101
告示	97
悟性	56
子ども	31,51
——の権利条約	116
——の貧困	115

■ サ 行

三船の才	71,72
三大批判書	56
JSC	115
シェーラー	12
施行規則	121
実物教授	78
児童中心主義・経験主義的な教育	
理念	101
自由研究	101

十七条憲法	70
シュタイナー	17,60,61
『シュタンツだより』	53
荀子	8
準用規程	97
生涯学習	90
生涯教育	11
生涯発達	23
消極的教育	51
少子高齢化	104
小中一貫教育	125
小中連携教育	125
聖徳太子	70
情報化・国際化	104
情報リテラシー	25
自立活動	100
46 答申	90
人工知能	106
新日本建設の教育方針	100
心理的虐待	122
スクールカウンセラー	125
スクールソーシャルワーカー	125
スマートフォン	106
性悪説	33
成熟説	6
性善説	34
生得説	6
『世界図絵』	46
生活が陶冶する	53
セシル・レディ	60
ゼノン	42
全国学力調査	88
創造主	51

■ タ 行

第一次米国教育使節団	84
待機児童	26
『大教授学』	45

重要語句集

大正自由教育運動	80	
タブラ・ラサ	33,48	
探索行動	23	
地域子育て支援センター	28	
チーム学校	126	
地教行法	87	
知徳合一	40	
「知・徳・体」の調和的発達	103	
直観教授	54	
ツィラー	58	
ディオニュソス	14	
デューイ	16,128	
デュルケーム	15	
東京オリンピック	103	
登校拒否	112	
特別教育活動	101	
特別の教科 道徳	102	
徳目	76	
ドモラン	60	

■ ナ 行

ニーチェ	14,20
二官八省	71
西ローマ帝国	42
日本スポーツ振興センター	115
『人間知性論』	48
ネグレクト	122
能力本位主義	19

■ ハ 行

パーカースト	60,61
ハイデガー	14
白紙	48
発見学習	64
汎愛派	56
東ローマ帝国	42
PISA	128
フィヒテ	57
不登校	112
プラグマティズム	61
フレネ	60
ブロードバンドネットワーク	106
平行遊び	26
ペスタロッチ	52,128
ベルクソン	35
ヘレニズム期	42
保育所保育指針	98
法的拘束力	97
ポツダム宣言	84,100
ホモ・ファーベル	13
ホモ・ルーデンス	14
ホリスティック教育	15
ポルトマン	9
ボルノウ	15

■ マ 行

末法思想	74
学びのアピール	91

無知の知	40
村井実	4
名誉革命	48
メランヒトン	45
孟子	3,7
問題解決学習	86
問題解決能力	16
モンテッソーリ教育	81

■ ヤ 行

幼稚園教育要領	98
四大指令	100

■ ラ 行

ライン	58
リーツ	60,61
『リーンハルトとゲルトルート』	52
理性	56
リュケイオン	41
臨時教育審議会（臨教審）	112
ルソー	34,50
ロック	33,48
ロンブローゾ	62

■ ワ 行

ワーク・ライフ・バランス	24

● 執 筆 者 一 覧 ●

【編著者】

石上　浩美　（大手前大学准教授）

【執筆者】（執筆順）

石上　浩美　（編著者）　第1章，第5章
第7章，第8章

渡辺　英之　（京都精華大学教授）　第2章

作野　友美　（大阪芸術大学短期大学部講師）　第3章

藤井　奈津子　（梅花女子大学准教授）　第4章

森岡　伸枝　（大阪芸術大学短期大学部准教授）　第6章

範　衍麗　（大阪成蹊短期大学講師）　第9章

池内　正史　（京都精華大学非常勤講師）　第10章

矢野　正　（名古屋経済大学大学院教授）　第11章

住友　剛　（京都精華大学教授）　第12章

稲田　達也　（豊岡短期大学非常勤講師）　第13章

小野田　正利　（大阪大学大学院教授）　おわりに

● 編著者紹介 ●

石 上 浩 美（いしがみ・ひろみ）

大阪府生まれ。大阪教育大学大学院教育学研究科修了（教育学），奈良女子大学大学院人間文化研究科博士後期課程単位修得退学。現在は大手前大学総合文化学部准教授。専門は教育心理学，教師教育学。協同学習および活動理論の立場から，集団体験活動を対象とした調査・研究を行っている。また，教職キャリア形成支援のための養成・採用・研修モデルの構築に関する調査・研究や，「音育」活動を媒介としたメタ認知の発達支援研究，アクティブ・ラーニングの手法を用いた学習ワークショップや研修にも，積極的・意欲的に取り組んでいる。

〈主著〉『教育心理学──保育・学校現場をよりよくするために』（共編著，嵯峨野書院），『キャリア・プランニング──大学生の基礎的な学びのために』（共編著，ナカニシヤ出版），『保育と表現』（編著，嵯峨野書院），『保育と言葉』（共編著，嵯峨野書院），『保育実践にいかす障がい児の理解と支援　改訂版』（共著，嵯峨野書院），「教職課程における指導に関する一考察」（共著，『大手前大学 CELL 教育論集』第 7 号），「稲作体験活動への参加による学び」（共著，『こども環境学研究』18号，萌文社），「中学校「道徳」はどのように教えることができるのか」（単著，『大手前大学論集』15 号），「教員の職務認識と教職キャリア形成に関する研究」（単著，『京都精華大学紀要』45 号）

教育原理──保育・教育の現場をよりよくするために──　　≪検印省略≫

2018年 3 月20日　第 1 版第 1 刷発行

編 著 者　石　上　浩　美

発 行 者　前　田　　茂

発 行 所　嵯 峨 野 書 院

〒615-8045　京都市西京区牛ヶ瀬南ノ口町39　電話 (075)391-7686　振替 01020-8-40694

© Hiromi Ishigami, Tadashi Yano, 2018　　　　創栄図書印刷・藤原製本

ISBN978-4-7823-0574-4

| JCOPY ＜出版者著作権管理機構 委託出版物＞ 本書の無断複製は著作権法上での例外を除き禁じられています。複製される場合は，そのつど事前に，出版者著作権管理機構（電話03-3513-6969，FAX03-3513-6979，e-mail：info@jcopy.or.jp）の許諾を得てください。 | ◎本書のコピー，スキャン，デジタル化等の無断複製は著作権法上での例外を除き禁じられています。本書を代行業者等の第三者に依頼してスキャンやデジタル化することは，たとえ個人や家庭内の利用でも著作権法違反です。 |

保育と人間関係

矢野　正・柏　まり 編著

人との関わりが希薄化する現代，子どもの育ち
をとりまく問題を取り上げ，子どもを伸びやか
に育てるための人間関係を考える。実践事例も
数多く掲載。

B 5・並製・142頁・定価（本体2150円＋税）

保育と環境［改訂版］

矢野　正・小川圭子 編著

子どもの生きる力を育むために必要な環境と
は？　さまざまな人や物との関わりを通した保
育環境を，豊富な実践事例とともに平易に解説。
保育に携わるすべての人への入門書。

B 5・並製・160頁・定価（本体2300円＋税）

保育と言葉［第 2 版］

石上浩美・矢野　正 編著

子どもの社会性やコミュニケーション能力の
基盤は，言葉である。言葉の発達過程をわかり
やすく解説し，保育・教育現場での活動や言葉
の支援など実践事例も多数紹介。

B 5・並製・122頁・定価（本体2100円＋税）

保育と表現

石上浩美 編著

子どもは何を感じ取り，どのように伝えるのか。
子どもの発達特性を解説しながら，豊かな感性
と想像力を育む表現を，生活の中にある音・風
景・自然，子どもの遊びから考える。

B 5・並製・118頁＋口絵（カラー）2 頁・定価（本体2050円＋税）

教育心理学
―保育・学校現場をよりよくするために―

石上浩美・矢野　正 編著

よりよい「現場」づくりのための理論的背景と
して「教育心理学」の知見をはめ込むことを試
みた。さまざまな「現場」で子どもと関わって
いる多くの方の問題解決のヒントとなる 1 冊。

B 5・並製・148頁・定価（本体2150円＋税）

保育実践にいかす
障がい児の理解と支援
［改訂版］

小川圭子・矢野　正 編著

子どもの育ちに添った長い見通しのなかで，障
がいのある子どもをどのように支えるか。障が
いの理解を深めながら，援助の方法，環境構成
を考える。

B 5・並製・160頁・定価（本体2150円＋税）

嵯 峨 野 書 院